战略营销
案例与竞争模式

（第二版）

唐文龙 著

经济管理出版社

图书在版编目（CIP）数据

战略营销：案例与竞争模式/唐文龙著. —2版. —北京：经济管理出版社，2018.7
ISBN 978-7-5096-4818-6

Ⅰ．①战… Ⅱ．①唐… Ⅲ．①企业管理-营销管理 Ⅳ．①F274

中国版本图书馆CIP数据核字(2017)第313986号

组稿编辑：申桂萍
责任编辑：申桂萍　梁植睿
责任印制：黄章平
责任校对：张晓燕

出版发行：经济管理出版社
（北京市海淀区北蜂窝8号中雅大厦A座11层　100038）
网　　址：www.E-mp.com.cn
电　　话：(010)51915602
印　　刷：三河市延风印装有限公司
经　　销：新华书店
开　　本：720mm×1000mm/16
印　　张：14
字　　数：190千字
版　　次：2018年7月第2版　2018年7月第1次印刷
书　　号：ISBN 978-7-5096-4818-6
定　　价：39.00元

·版权所有　翻印必究·
凡购本社图书，如有印装错误，由本社读者服务部负责调换。
联系地址：北京阜外月坛北小街2号

目 录
CONTENTS

UPS：全球物流的中国速度 / 001

　　起步快递，定位供应链运营商 / 002

　　步步为营，构建中国服务网络 / 004

　　借力奥运，角力中国物流市场 / 010

保乐力加：品牌帝国的梦想家与实践者 / 017

　　品牌并购，掌控成长空间 / 018

　　多品牌化，实现品牌共赢 / 020

　　分权管理，贴近市场需求 / 022

　　分众营销，关注细分市场 / 024

　　体验营销，诠释品牌精神 / 026

　　公益营销，倡导社会责任 / 028

汉高：责任公民的绿色"微笑" / 031

　　绿色经营，致力于可持续发展 / 033

　　随需应变，中国业务再调整 / 038

家得宝：勾勒东方的家居版图 / 043

辗转布局，中国市场的后来者 / 045

应需而变，创造顾客价值 / 048

环保家居，促生绿色消费 / 052

提速中国，迟到者能否成为领跑者 / 054

卡特彼勒：掘金世界的"机械之手" / 061

专业制造，引领机械装备先锋 / 062

合纵连横，构建全球产业链条 / 063

步步为营，谋划中国市场版图 / 066

悉心调整，从容布局应对挑战 / 069

卡斯特：欲解"中国结" / 073

洋酒"凶猛"，卡斯特"一骑绝尘" / 074

商标争议，卡斯特"腹背受敌" / 078

CASTEL ≠ 卡斯特 / 079

美赞臣：营养专家的品牌配方 / 081

致力健康，瞄准母婴市场 / 081

管理质量，追求卓越品质 / 083

把控高端，锁定重度市场 / 086

斯沃琪：手腕上的钟表帝国 / 097

瑞士制造，斯沃琪集团化整合资源 / 098

超越产品，成就手腕上的奢侈品 / 102

品牌组合，多元化定位各有不同 / 106

内外驱动，领跑卓越的时空未来 / 109

目 录

张裕：百年品牌跨越"世纪挑战" / 113
- 起步"老大哥"（1892~1989年）/ 114
- 成就"老三强"（1990~2000年）/ 115
- 布局"高端化"（2001年至今）/ 118
- 开启"国际化"（2001年至今）/ 125

汾酒："中国酒魂"的品牌涅槃 / 131
- 山西汾酒，遭遇进化阵痛 / 132
- 重整旗鼓，实施战略调整 / 133
- 蓄势待发，期待品牌回归 / 137

中粮：全产业链战略践行者 / 141
- 以食品为主线，构建立体产业生态链 / 141
- 以资本为手段，促升企业竞争新层次 / 144
- 以协同为突破，实现集约式管控平台 / 147

阿里巴巴：叩响电子商务的"芝麻之门" / 151
- 定位精准，起步中小企业电子商务 / 152
- 产品组合，打造"一站式"网络商务平台 / 155
- 拥抱梦想，造就全球化的网络帝国 / 160

李宁：品牌升级遭遇成长烦恼 / 167
- 目标市场，转向年轻与时尚群体 / 168
- 品牌精神，寻求文化与情感溢价 / 171
- 产品组合，囊括服饰与装备业务 / 174
- 企业愿景，平衡国内与国际市场 / 179

携程：在线旅游商业模式创新之旅 / 183

价值再造，专注在线旅游服务 / 183

平台整合，构建产业生态链条 / 185

竞争合作，敦促服务模式升级 / 187

富隆酒业：专业经营成就服务品牌 / 193

洋酒汹涌，市场涌现多极运营模式 / 193

多管齐下，专业经营成就服务品牌 / 195

云南白药：纵横蓝海的品牌舵手 / 201

产品创新，白药启动品牌再造 / 201

品牌延伸，白药进入日化行业 / 204

新品开发，白药关注药妆市场 / 208

参考文献 / 211

作者研究文献 / 215

在路易斯维尔的"世界港",每隔45秒钟就会有一架货机从这里起飞或降落,它在4小时内要处理来自100多架飞机和160多辆卡车的100多万件包裹。在这个庞大的物流处理中心背后,是一个屹立百年的供应链解决方案运营商——联合包裹运送服务公司(United Parcel Services Inc., UPS)。作为世界上最大的快递承运商与包裹递送公司,同时也是专业运输、物流、资本与电子商务服务的提供者,UPS 正是通过一贯的执着与追求,"随需应变,变中求胜",为我们演绎着一个与时间赛跑的品牌故事。

UPS:全球物流的中国速度

2013年1月14日,全球最大包裹快递公司UPS发布声明称,由于受到欧盟委员会的反对,[①] 公司将撤回对欧洲第二大快递服务企业——天地快运(TNT)[②] 的收购要约,这同时意味着价值68亿美元的迄今全球快递行业最大的收购案正式宣告失败。接下来,让我们一起走近UPS,共同探究其成功背后的竞争谋略。

[①] 由于合并后的新公司年营业收入预计将超过450亿欧元,在欧洲的份额可与该区第一的德国邮政匹敌。2010年,UPS占到整个欧洲快递市场7.7%的份额,TNT占9.6%,合并后公司份额将接近德国邮政(DHL)的17.6%。欧盟反垄断机构——欧盟委员会于2012年表示反对该项收购案,并屡屡予以审查。

[②] TNT成立于1946年,是全球四大物流配送商之一,为企业和个人客户提供快递服务。通过其在全球200多个国家的近2600个运营中心、转运枢纽以及分拣中心,平均每周在全球递送470万个各类包裹(包括文件和货件)。2012年3月,UPS宣布拟以52亿欧元(约合68.5亿美元)收购欧洲第二大快递服务公司——TNT。

起步快递，定位供应链运营商

1907 年，鉴于美国私人信使和递送服务需求的不断增长，而邮政服务又不能及时满足这一新兴需求，詹姆斯·凯西（James E. Casey）在华盛顿州西雅图创建了美国信使公司（American Messenger Company），开始通过步行或者自行车为顾客提供包括包裹、便条、行李和餐馆食物等在内的递送服务。随着摩托车、电动车和汽车逐渐成为递送业务的主要运输工具，公司的业务也逐渐扩展到其他州的市场，之后公司总部也迁至佐治亚州亚特兰大。1919 年，公司更名为"UPS"，新的公司名称充分体现了当时公司州际递送业务的核心方向，并伴随着公司业务的全球扩张一直沿用至今。

航空业的兴起和发展为快递业务提供了加速引擎，航空管制的放松更是让快递公司获得了稳固的市场价控制权，UPS 公司也从单纯的航班包租转向"自有班机 + 航班包租"的模式来向市场提供更加可靠的速递服务。从 1953 年开始，UPS 开始利用美国国内的定期航班来递送包裹，到 1985 年，UPS 已经在整个美国本土开展"次日到达"航空服务。1988 年，UPS 获得联邦航空管理局（FAA）的授权，自建了企业的货运机队，进一步确保了包裹快递的可靠性，也从此进入了快速发展的轨道。

1975 年，UPS 首先进入加拿大多伦多市区块业务市场，开始了国际化征程。进入 20 世纪 90 年代之后，一方面快递行业竞争加剧，另一方面跨国公司的业务国际化、国际贸易在世界范围内的蓬勃发展也使得 UPS 的业务种类和市场范围发生了深刻的变化。在此期间，UPS 的公司愿景也根据市场环境的变化而发生着相应的改变。从 1991 年的"成为包裹运输行业领先的公司"，到 1999 年的"全球电子商务促进者"，一直到 2001 年的"全球商务同步协调"，UPS 一步一步地向着供应链管理解决方案提供商的角色迈进。

商业实践表明：企业的战略规划要求其对竞争环境做出迅速而准确的反应，反映到管理层面则要求企业各种管理路径的战略统一。为了实现新的公司定位，UPS开始通过收购现有公司或者创建新公司的形式来进行战略突围。之后，诸如UPS物流集团、资产公司等新的业务模式陆续被纳入UPS的管理架构中，物流和分销公司、技术公司、银行和航空公司等成为UPS的并购对象。随着新业务模式的纳入，促使UPS给自己的定位也发生了重要的变化——公司在运输和包裹追踪方面的专长使其将自己定位为全球商业的促成者，成为组成商业三股流动力量（物流、信息流和资金流）的服务性企业。目前，通过收购、兼并和重组，UPS的业务也逐渐扩展至以物流、快递、金融、供应链咨询为核心的全方位物流管理型企业集团，如图1-1所示。UPS的前任董事长兼首席执行官迈克·艾斯丘（Mike Eskew）曾经这样定义公司的业务功能："我们所从事的业务就是帮助客户在200多个国家和地区顺畅地从事各种商业往来。"

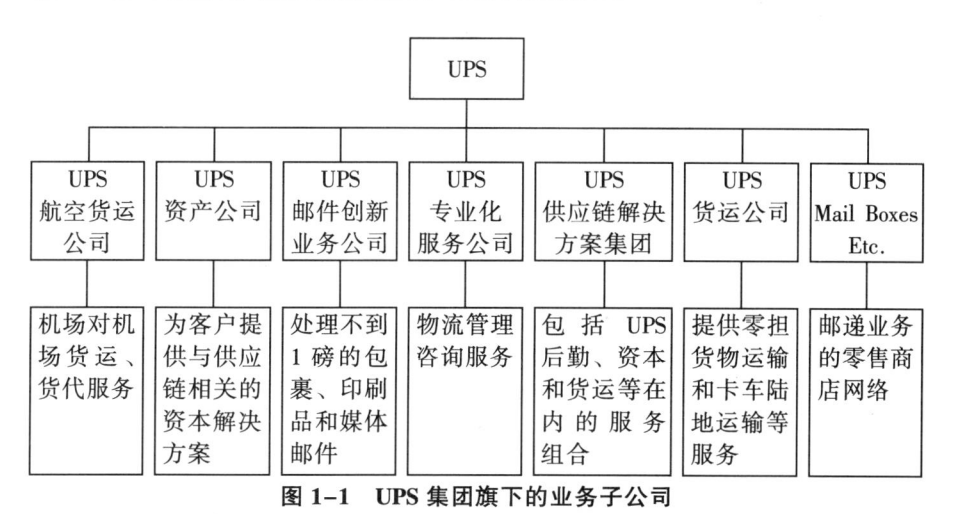

图 1-1 UPS集团旗下的业务子公司

2003年3月，UPS取消了自1961年以来一直使用的标志，原标志上方系有蝴蝶结的包裹图案被删除，下方的盾形图案经过三维处理后成为公司新的标志。这场耗资过亿美元的标志更换行动，充分体现了UPS向"物流、资金流、信息流真正三流合一"的现代供应链综合服务商转型和冲锋的智慧和努力。

现今，UPS已经发展成为综合性的物流方案提供商。2012年，UPS公司综合收入达541亿美元，实现净利润8.07亿美元。从图1-2可以看出，近10年来，UPS一直保持着较快的增长速度。其业务范围覆盖200多个国家和地区，拥有42.53万名员工，全世界80%的人口可以在48小时之内接触到它的服务。UPS（268架自有货机）还是世界第九大航空公司，此外还租用了326架飞机，拥有94542辆运输工具、1748个货运枢纽和配送中心，形成了遍布全球的物流供应链系统。

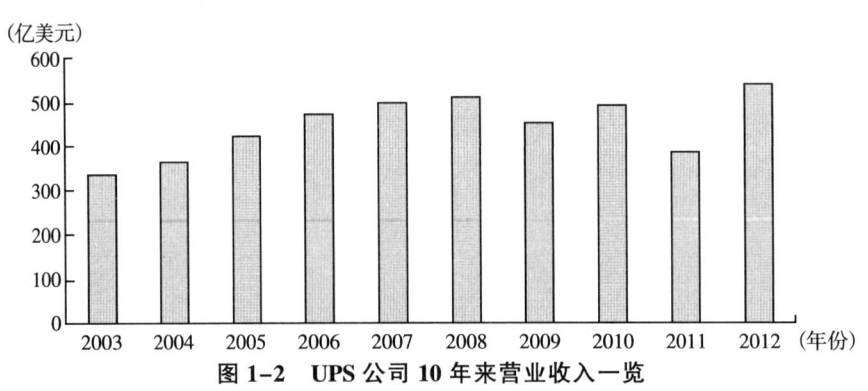

图1-2 UPS公司10年来营业收入一览

资料来源：UPS公司历年年度报告。

步步为营，构建中国服务网络

20世纪80年代以后，为了寻求成本最低的制造加工基地，欧美的跨国企业纷纷走出国门，到亚洲投资建厂，"世界工厂"逐渐开始向亚洲转移。而中国作为吸引外商直接投资最多的发展中国家之一，快递物流业自然受到了国际快递巨头的重视。国际贸易活动在这一区域活动的日益频繁，都对样品、文件、包裹和零部件的国际递送业务提出了更高的要求。在此背景之下，除 UPS 之外，包括联邦快递（FedEx）、敦豪速递（DHL）和天地快运等在内的全球快递企业纷纷进驻中国，来分享快递市场这块"蛋糕"。

从合资到独资，稳步推进

早在中国加入世界贸易组织（WTO）之前，麦肯锡、摩根士丹利、埃森哲和美世顾问等国外著名咨询机构就已对中国物流市场进行了前期考察，他们得出了一个共同结论：中国物流市场是一块未被开发的处女地，未来 10 年内物流市场年均增长率将超过20%，成为推动中国经济发展的重要支柱产业。但同时告诫外国物流公司，进入中国必须先与中国企业合资合作，实行本土化战略，才能取得长期的市场胜利。

作为历史最为悠久的快递跨国企业，UPS 也加入了掘金中国市场的潮流。不过限于当时的产业政策，国外快递公司只能选择与中国公司合作的形式来开拓中国市场。1988 年，UPS 通过收购亚洲快递系统公司涉足亚太地区市场。1988 年，UPS 与中国外运集团[①]（简称"中外运"）签订了代理业务合作协议，开始为中国市场提供国际快递服务。1996 年，双方合作升级，UPS 与中外运成立合资企业——中外运北空 UPS 国际快递有限公司。与中外运的合作，一方面符合当时的政策限制条件；另一方面也为 UPS 借助中外运的物流运营经验了解中国市场提供了缓冲期。

在此期间，UPS 一直专注于在中国市场构建自己的物流网络。为了更加深入地为市场提供服务奠定基础，2001 年，UPS公司从美国运输部获得中国直航权，开始经营每周 6 个班次的美中专机直航业务，之后其在中国

[①] 中国对外贸易运输（集团）总公司成立于 1950 年。该公司是中国最大的国际货运代理公司、最大的航空货运和国际快件代理公司、第二大船务代理公司和第三大船公司。1986 年，在北京正式成立中外运—敦豪国际航空快件有限公司。合资双方为中国对外贸易运输集团总公司和敦豪国际航空快递公司，双方各占一半股权。

的营业额年增长率均保持在35%以上。2003年初，UPS与扬子江快运航空有限公司合作，采用租用中国国内航线运送快件的方式。扬子江快运为UPS设在上海浦东机场的运转中心与中国四个主要城市（北京、青岛、上海、广州）之间的国内货运航班联运提供服务。通过这次合作，扬子江快运国内航线将UPS在中国的服务网点连接起来，加强了公司业务在国内段的运输。正是通过与中国企业合资合作，UPS的本土化策略帮助其完成了在中国市场的初步布局——陆续在中国设立14个城市代表处、10个进口港口口岸、15个出口港口口岸，每周往返北京和上海的航班分别为12个和24个。

中国对外开放政策的深化，尤其是加入世界贸易组织的承诺，加强了众多跨国公司对中国市场的信心，中国快递行业的市场开放时间如表1-1所示。UPS认为：随着世界制造业中心向中国大陆转移，中国香港、中国台湾地区的金融中心与内地制造业中心的角色使这三个市场成为一个不可分割的整体。中国的制造业水平也在不断提高，其制造的不再只是一些低附加值产品，对时效性要求很高的高附加值产品也越来越多，这给空运市场带来了巨大商机。正是基于对中国潜力市场的前瞻性判断和高度重视，2003年，UPS中国区总部由香港地区迁到上海。

表1-1 中国快递行业开放时间

时间段	开放内容
加入世界贸易组织一年内（从2001年12月11日起）	允许合资形式，外资比例不超过49%
加入世界贸易组织一年后（从2002年12月11日起）	允许外商在合资企业中控股超过50%
加入世界贸易组织三年后（从2004年12月11日起）	允许外商在华独资经营国际快递业务
加入世界贸易组织四年后（从2005年12月11日起）	允许外商在华独资经营国内快递业务

中国快递市场的对外开放经历了一个由紧到松的过程，束缚外资企业的政策"锁链"也被慢慢解开。根据中国加入世界贸易组织的承诺，2004年底，国外快递公司可以在中国独资经营国际快递业务。在没有政策制约

的环境下，UPS 果断地选择了独资模式。2004 年 12 月，在向中外运支付了 1 亿美元的"赎身费"之后，UPS 中国国际快递业务实现独资，同时获得了中国 23 个中心城市国际快递业务的直接掌控权。就这样，凭借与中外运 16 年的本土化合作，UPS 逐渐对中国物流市场形成了自己的认识，并构建了自己的运营网络，走上了独立运营的道路。此外，随着政策环境的逐渐宽松，UPS 等快递巨头通过并购手段来扩张中国市场的操作可能性也大大增加。由合资到独资、由合作到收购的战略扩张模式将助力 UPS 这样的跨区企业在中国快递市场的业务拓展。

从物流到金融，业务升级

在中国市场，UPS 不仅仅将眼光放在国际快递业务上，它希望将国际航空运输带来的国内陆地和航空运输、物流管理与解决方案和贸易融资服务等纵向业务逐渐囊括到自身的业务范围之内。对此，UPS 中国区总裁兼亚太区资深副总裁黎松江这样表示："目前 UPS 的战略重点在于再次根据客户需求重新定位，即由包裹递送公司转换为全球供应链解决方案的提供商。亚洲的供应链解决方案产业总值高达 3 万亿美元，而 UPS 决意要成为该领域的执牛耳者。"

在实现国际快递独资运营之后，UPS 将自身业务组合不断升级，逐步完善其在中国市场的战略布局。从 2005 年开始，UPS 展开了一系列的品牌推进动作。在提升品牌的同时，也不断将零售、供应链管理、金融资产管理和国内快递等业务推向市场，其身份也逐渐向全球供应链解决方案提供商转变。

在航空业务领域，自从 2001 年取得直航北京和上海的中美直航，UPS 还陆续开通了广州和青岛的货运直航班机。此外，通过租用扬子江快运国内航线，UPS 将国内航空运输与国际航空运输进行了无缝对接。

在供应链管理业务方面，UPS 也是不遗余力。目前 UPS 在中国内地和香港拥有超过 40 个营运设施，作业面积 18.6 万平方米，供应链管理业务重点放在中国主要制造业中心地带，如长江三角洲、珠江三角洲及渤海湾地区（这些地区的 GDP 占全国总数的 48%，全国 85%的国际贸易量也来自这一区域）。

在业务招揽方面，跨国快递公司先前一直通过合同形式来为大型跨国客户提高服务，但由于零售网络的缺失也使得其不能够覆盖中小客户市场。2001 年，UPS 收购美国一家通信和邮政服务零售连锁公司——MBE 公司（Mail Boxes Etc.）并在美国建立了名为"UPS Store"的零售业特许经营模式，目前在美国已拥有 523 个 UPS Store 零售网点。针对中国中小客户的潜在需求，UPS 也将这一模式引入中国市场。从 2006 年 8 月开始，"UPS Express"特快专店先后在上海和北京开张，瞄准中小零散客户市场，开始试水零售业务。之后，UPS 开始致力在除北京和上海之外的重点城市设立"UPS Express"特快专店，还考虑在大学、CBD、星级酒店等地方以"店中店"的形式设置零售网络，并有可能引进复印、装订和计算机等相关的增值服务。UPS 通过建立零售网点，一方面可以开发零散客户市场，对公司原有业务做出补充；另一方面零售商店形式本身还可以起到品牌宣传的效果。

为中国客户提供供应链金融服务，也被 UPS 纳入中国新业务的范畴，期望为客户提供物流和资金流的"一揽子"解决方案。

供应链金融既不是物流企业的优势业务，也不是银行的核心竞争力所在。只有两者密切合作，发挥各自优势，才能实现双赢。UPS 之所以成为供应链金融成功的典范，就是因为它把金融业务融合到供应链解决方案中。2007 年 11 月，UPS 旗下的 UPS 资融公司宣布与上海浦东发展银行、深圳发展银行及招商银行合作推出"UPS 全球供应链金融方案"。通过"物流公司+银行"这一模式，为中国中小企业客户推出应收账款保理和存贷款融资等供应链金融服务，帮助它们改善现金流，降低国际贸易风险，进而保证整个商业活动的顺畅进行。

作为以航空运输为主要载体的物流运营商，转运中心（Hub）起着将本区的递送物件进行海关处理、货物分拣处理和货物装箱等集散作用。因此，只有符合气候条件、地理位置、劳动力供给、机场设施、管理架构和当地政府的支持和认同等诸方面的因素，才能肩负航空转运中心的重任，如美国的路易斯维尔、达拉斯、费城、得克萨斯、迈阿密和安大略等，加拿大的汉密尔顿和蒙特利尔等，德国的科隆和波恩，以及在亚太地区的克拉克、邦板牙、中国台北、中国香港和新加坡等。2008年5月21日，UPS宣布将其位于菲律宾克拉克的亚洲航空转运中心转移至深圳机场，并已经于2010年2月正式完成此战略布局。之所以做出这样的战略调整，UPS亚太区总裁德瑞克·伍德沃德这样解释道："目前亚洲快递行业市场增长迅速，其中来自中国市场的运送量在UPS亚洲区域业务中已有将近50%的比重，其中很大部分的包裹出口量来自香港和华南地区，而这正是深圳转运中心的覆盖范围。"

2002~2007年，UPS在中国的总投资达6亿美元，搭建起了一个覆盖中国330多个城市的物流网络。2006年，中国内地作为一个独立区，与北亚、南亚并列成为UPS亚太区下面的三个分区。现今，UPS在中国拥有23个国际快递运营网点（北京、上海和大连等一线重点城市），10个全资运营中心（分布在惠州、珠海和嘉兴等二、三线城市），雇用员工超过4500名，每周有176个UPS航班进出中国。而在这一庞大的物流网络后面，潜藏的是UPS为中国客户提供"一揽子"供应链解决方案的战略思维和业务规划。

目前，中国市场已经成为UPS全球业务快速增长的引擎，其主要收益已经完全来自国际市场。在迅速增长的亚太市场，仅中国（包括香港地区和台湾地区）、日本、韩国的市场就达到了UPS亚洲区域内一半以上的运送量占有率，其中相当大一部分的亚洲包裹出口量都出自中国华南地区、香港特区。根据中物联科字〔2011〕155号"关于中国物流企业50强排名的通告"数据显示，2010年度，联邦快递（中国）有限公司、天地国际运输代理（中国）有限公司、中外运—敦豪国际航空快件有限公司分别以36.1亿元、35.9亿元、33.4亿元的业绩，在中国物流市场排名第26、27、30位。排名第50位的北京福田物流有限公司的主营业务收入为15.4亿元。据此可以推测出UPS在中国市场的业务规模，由此也可以看出，UPS还需做出更多的运营努力。

借力奥运，角力中国物流市场

根据麦肯锡公司对未来中国快递市场的预测，一方面，由于中国加入世界贸易组织之后，加速了与世界经济的融合，国际贸易额将保持比较高的年均增长率，国际合作的增加使中国成为国际经济的热点地区和世界工厂，使得跨国商业文件、私人物品、贸易样品的运量迅速增加；另一方面，中国国内经济拉动强劲，城市化进程加速，电子商务等需求的增加，大型国有或民营企业对跨地区业务、管理和合作的需求，将促使国内快件、包裹运量迅速增加；个人网上购物、邮购等产业的发展要求及时的配送服务能力，也为快递业务的发展提供了巨大的空间。

群雄逐鹿，快递巨头各领风骚

在国外快递巨头们依据世界贸易组织协议要求中国向其开放市场和国内民营快递基于"国民待遇"要求开放市场的双重压力之下，中国快递行业经历了一个从政府严厉管制到放松管制，再逐渐向自由竞争发展的过程。根据中国加入世界贸易组织的承诺，至2005年12月11日，中国国际快递业和国内快递业（私人信函、具有信件性质的物品和县级以上党政军机关的公文邮政专营部分除外）已完全对外资开放。巨大的市场空间带来的是国际巨头的激烈竞争，而 UPS 要从竞争中胜出，面临的也是一场艰苦卓绝的商业战争。

目前，中国快递市场已经形成了国有、民营和外资"三足鼎立"的竞争局面。一是以中国邮政为代表的国有企业，如 EMS、中外运、民航快递和中铁快运等；二是民营快递群体，代表性企业包括顺丰速递、大田、申通快递、宅急送、圆通和小红帽等；三是外资快递企业，代表性企业包括联邦快递和联合包裹、敦豪速递和天地快运等，其各自在中国市场的布局如表 1-2 所示。在国际快递部分，四大外资快递公司（FedEx、UPS、DHL 和 TNT）共占据了 80% 左右的市场份额；在国内快递部分，EMS 和非邮政国有企业分别占有 30% 和 15% 左右的市场份额，剩余的市场为国内民营快递所占领。

表 1-2 四大国际快递巨头在中国市场的布局

公司名称	创建时间	中国市场网络建设
敦豪速递	1969 年	1980 年进入中国，中国区总部：北京； 亚太区转运中心：香港； 在中国设立 39 个分公司，覆盖全国 400 多个城市； 2004 年初，进军中国快递业务市场
联邦快递	1973 年	1984 年进入中国，中国区总部：上海； 亚太转运中心落户广州新白云机场； 在中国拥有 80 家分公司，服务网络已覆盖 220 多个城市； 2007 年 6 月，进入中国快递业务市场
联合包裹	1907 年	1988 年进入中国，中国区总部：上海； 亚洲航空转运中心：转移至深圳机场； 在中国 33 个主要商业城市拥有运营中心，覆盖全国 200 多个城市； 2005 年 9 月，进入中国快递业务市场
天地快运	1946 年	1988 年进入中国，中国区总部：上海 与 EMS 合作，共享网络； 在中国拥有 25 家分支机构，服务覆盖全国 200 多个城市； 致力于亚洲陆运网络的建设

在巨大的市场潜力面前，UPS 的竞争对手都显示出雄心勃勃的市场扩张计划，纷纷在国际快递、国内快递和物流网络集聚自己的竞争优势。例

如，自 1997 年联邦快递金考（FedEx Kinko）零售模式进入中国之后，2002 年，"联邦快递自助服务专柜"开始借道全国 750 多个城市近万家的柯达快速彩色冲印店来推广自己的快递零售业务。2006 年，FedEx 亚太转运中心落户广州新白云机场，并收购了中国合作伙伴大田集团的国内快递业务和两者未到期的合资公司；作为首家在中国提供国际航空快递服务的国外快递公司，敦豪一直保持着和中外运的深度合作关系，并保持着市场占有率第一的位置，2005 年还传出并购国内民营快递公司申通的消息；在 2003 年结束了和中外运的合资企业之后，TNT 还并购了民营企业华宇（公路零担货运公司），直接拥有了华宇在大中城市的 1250 个运转中心和 16 万稳定的客户；另外，日本的佐川急便也在 2004 年与保利集团成立合资公司，进入中国市场。种种迹象表明，竞争对手都在厉兵秣马，积蓄力量等待下一轮的激烈竞争。

对中国市场的高度重视，也为 UPS 带来了丰厚的回报。2007 年，UPS 在亚太市场的业务增长近 20%，而在中国市场的增长则超过 30%，是亚太区增长最强劲的地区。但是，竞争对手各具优势，也无法让 UPS 坐享其成。例如，敦豪拥有全国最大的快递网络，国际快递市场份额更是达到了 37%；FedEx 拥有最多直航中国的航班，年速度增长均超过 30%；众多民营快递公司凭借灵活的运营机制和低成本策略，占据 60% 低端国内快递业务的市场。可以说，无论在国际快递领域还是在国内快递市场，UPS 都面临着强大的市场挑战。加快陆、海、空物流网络建设，强化品牌的市场影响力，将成为 UPS 在未来几年之内超越竞争对手的必由之路。

北京奥运，UPS 的中国加速度

2008 年的北京奥运会，不仅让世界的目光再次聚焦中国，也为企业拓展中国市场提供了良好的契机。借助奥运会，很多企业走上了品牌国际化的"快车道"，其中精工、丰田、索尼、阿迪达斯、耐克、三星和 LG 也早已成为借助奥运营销成就卓越品牌的经典案例。早在 1996 年亚特兰大奥运会、1998 年长野冬奥会和 2000 年悉尼奥运会上，UPS 就作为奥运会的 TOP 赞助商，有效地提升了自身的国际品牌形象。中国快递市场的蓬勃发展和激烈竞争，为 UPS 赞助北京奥运会提供了最具说服力的注解。因此，UPS 将赞助北京奥运会看成是提升品牌、展示网络、运营规模和综合实力的机会。

根据 UPS 广告代理麦肯世界集团（McCann World Group）市场调查显示：作为物流和快递企业，UPS 的客户群非常广泛。他们应该是企业的决策人，或是能影响到选择快递和供应链解决方案供应商的人。而从职位上看，他们可能是部门经理、办公室经理、秘书、前台、企业主或物流专员等，也就是说，每个人都可能是选择快递物流服务的人。因此，通过赞助北京奥运，让更多的人了解 UPS，培养更多的潜在客户，并将品牌影响力逐渐渗透到二、三线城市，也是 UPS 想要达到的赞助效果。

2005 年 7 月 27 日，UPS 被选定为北京 2008 年奥运会物流和快递服务赞助商，公司也围绕奥运营销展开多种形式的营销攻势，并提出了"UPS，帮助北京奥组委和您传递更多"的宣传口号，围绕北京奥运的阶段性传播策略（见表 1-3）。尤其是从 2006 年 4 月以来，UPS 围绕北京奥运展开了一系列的营销传播活动，将 UPS 的品牌形象塑造工程一步步推向高潮。结合北京奥运的步调，UPS 陆续推出了"自豪篇"、"弹无虚发篇"、"马到成功篇"、"百发百中篇"、"化繁为简篇"、"兵贵神速篇"、"分毫不差篇"和"无

表 1-3 UPS 奥运营销传播策略

启动时间	营销传播诉求
2005 年 11 月	借奥运吉祥物发布之际，告知市场，预热品牌
2006 年 4 月	建立 UPS 北京奥运赞助商的品牌知晓度
2007 年 3 月	传播 UPS 可靠、卓越的快递服务品牌形象
2007 年 6 月	展示 UPS 能为北京奥组委提供专业仓储管理的运营实力
2008 年 6 月	凸显 UPS 帮助中国企业解决物流难题的品牌实力

所不能篇"等系列主题广告，并采用电视、广播、报纸、Flash、灯箱、楼顶广告、车体广告和墙体广告等多种广告形式，遍及地铁、宾馆、车站和餐厅等各种场所，将UPS专业、执着、卓越的品牌形象向市场进行深度传播。明确的品牌宣传诉求，步步为营的传播策略，使UPS逐渐树立起鲜明的品牌形象。

UPS将北京奥运物流服务看作是协调和整合资源的一场战役，并成为应对激烈竞争的练兵场，还将它看成是公司实施将近两年的快递与供应链两大业务整合和管理转型的一次考验。2007年3月8日，位于北京顺义区空港物流基地的"北京奥运物流中心"（OLC）正式落成，成为北京奥运物流的"中央枢纽"，也是UPS在中国运营管理的最大的一个仓库。3月28日，欧米茄比赛计分牌作为首批奥运物资进入"北京奥运物流中心"，也拉开了UPS正式为北京奥运提供物流解决方案的序幕。北京奥运期间，UPS提供的物流和快递服务内容包括：负责奥运物流中心的奥运货物保管、支配和分发；统一管理奥运物流中心，协助北京奥组委制订执行和操作计划；为所有的奥运场馆提供快递和物流服务，包括奥林匹克公园、运动员村和媒体村。2008年9月18日，UPS宣称从8月8日奥运会开始至9月17日残奥会落下帷幕，UPS为北京2008奥运会共计递送超过1900多万件物资（包括37个竞赛场馆、15个非竞赛场馆和72个训练场馆），而且全部物资均以零事故率实现递送。通过赞助北京奥运，UPS不仅扩大了品牌的影响力，还获得了总价值超过400亿元的奥运物流订单。

通过北京奥运，UPS的品牌认知率获得了较大幅度的提升。根据UPS的调查显示，2006年初在无启发状态下中国民众对于UPS的认知率只有4%，到了2007年第四季度已经上升到34%，而UPS在中国的整体知名度也从15%提升到50%。作为北京2008年奥运会的官方物流和快递赞助商，UPS在夯实中国市场竞争实力的同时，再次向世人阐述了其"变中求胜"的竞争策略与经营哲学。到2008年底，UPS计划在中国设立总共100个营业设施、1153个服务提供网点和964辆运输车辆，将其在中国的业务范围扩展到供应链的整个领域，包括库房管理、航空运输、海上运输和其他供应链解决方案。北京奥运，只是UPS中国市场加速度的一个开始。

根据国家邮政局2012年6月发布的《2011年度快递市场监管报告》数据显示，截至2011年底，全国依法取得快递业务经营许可证的企业达7500家，收入超20亿元的达10家。2012年9月6日，国家邮政局正式批准了联邦快递（中国）有限公司和优比速包裹运送（广东）有限公司[①]的经营国内快递业务的申请，[②]这也被业内认为是外资物流企业全面进入中国国内快递市场的"冲锋号"。2012年，全国规模以上快递服务企业业务量完成56.9亿件，同比增长54.8%；业务收入完成1055.3亿元，同比增长39.2%。其中，同城业务收入完成110.2亿元，同比增长67.3%；异地业务收入完成635.5亿元，同比增长42.5%；国际及港澳台地区业务收入完成205.6亿元，同比增长11.3%。此外，蓬勃发展的国内电子商务为快递行业提供了广阔的市场空间。以2012年大型B2C电子商务3500亿元的销售额计算，按照客单价200元计算，对应的快递业务量将达到350亿元，巨大的市场潜力必然引发国际快递物流巨头的染指。相信以UPS和联邦快递为代表的全球快递巨头会在不久的将来针对中国国内快递市场发起一轮声势浩大的攻坚战役。

"速度就是一切，它是竞争不可或缺的因素"，这是通用电气公司前总裁杰克·韦尔奇在谈论企业竞争策略时曾讲过的一句话。把它放在以UPS

[①] 美国联合包裹公司的关联公司于1988年设立了香港联合包裹运送服务有限公司，后者于2004年作为外方投资单位设立了广东优比速包裹运送（广东）有限公司，并将中文"优比速"作为企业字号使用。该企业现在中国大陆拥有41家分公司。

[②] 按照牌照要求：联邦快递和UPS的中国公司将分别以北京顺义区和广州白云区为基地，经营除信件外的国内快递业务。其中，联邦快递在上海、深圳、广州、杭州、天津、大连、郑州、成都八个城市开展国内快递业务，而UPS在上海、深圳、广州、天津和西安五个城市经营国内快递业务。

为代表的物流运营商身上显得尤为贴切。在这个以速度、连接为竞争主题的商业环境中，UPS这一百年卓越品牌是否能够在中国市场披荆斩棘，还需要企业在坚持和努力过程中开启新的竞争篇章。

总部设在法国的保乐力加集团（Pernod Ricard Group），成立于1975年，一直专注于世界顶尖酒类品牌的生产和销售。短短数十载，它舞动资本长袖，将众多世界顶级品牌纳入麾下，成为全球第二大葡萄酒和烈酒集团。根据其2011~2012财年数据显示，2011年7月至2012年6月，保乐力加集团实现销售额82亿欧元（约合103亿美元），同比增长8%；净利润达12亿欧元（约合15亿美元），同比增长10%。自进入中国市场之后，保乐力加通过多品牌战略，传文化、树理念、重责任的营销方式，成为中国市场上最大的洋酒销售商。

保乐力加：品牌帝国的梦想家与实践者

2013年2月27日，保乐力加集团发布其2012~2013上半财年报告，数据显示，报告期内集团销售额实现了5%的增长，达49.07亿欧元，其中中国市场实现了18%的增长。而作为集团旗下十四大支柱品牌之一的马爹利，其销售额在中国市场增长25%，成为集团业务在该区域的增长引擎。中国也是该集团仅次于美国的全球第二大市场。凭借着马爹利、皇家礼炮、芝华士和百龄坛等杰出酒类品牌，保乐力加陪伴着全球各地的消费者度过了一个又一个时尚、浪漫、经典体验之旅。作为全球众多酒类品牌的操盘手，保乐力加应用多样化的营销手法，蚕食和掌控着中国洋酒市场。

战略营销：案例与竞争模式
Strategic Marketing: Cases and Competitive Modes

品牌并购，掌控成长空间

保乐力加集团由法国两家酒类公司——保乐公司（成立于1805年）和力加公司（成立于1932年）于1975年合并而成。之后，保乐力加集团一方面着手本公司业务的全球化扩张，另一方面通过资本运作来并购市场上的竞争性品牌，进一步把触角延伸到国际市场上。对于酒类品牌的并购，保乐力加有自己的原则和宗旨——并购对象为全球性的品牌和散布在全球的区域性本土强势品牌，其中被并购的本土品牌不但可以加强各个区域性市场的分销网络建设，同时又能够支持全球品牌的发展。

沿着这个思路，保乐力加的并购足迹遍布全球，公司先后收购了苏格兰坎贝尔酿酒厂、美国奥斯汀·尼克斯酒厂、意大利雷玛若提酒厂和澳大利亚奥兰多云咸葡萄酒厂、施格兰集团烈酒和葡萄酒业务，2005年全面收购了竞争对手联合多美。[①] 2008年，保乐力加斥资56亿欧元收购瑞典葡萄酒与酒精公司，将"绝对伏特加"品牌纳入麾下。全球性的并购行为，让保乐力加拥有了在全球范围或者区域市场的众多知名葡萄酒和烈酒品牌，并获得了全球市场的优势竞争地位。目前在全球销售量最大的前100个烈酒品牌中，保乐力加拥有20个之多，烈酒总销量达7700万箱。在葡萄酒市场，保乐力加已成为全球第三大优质葡萄酒供应商。在全球市场上，保乐力加在亚太地区排名第一位，在欧洲大陆和爱尔兰排名第一位，在中南美洲排名第一位，在北美（包括墨西哥）排名第二位。其旗下的马爹利、芝华士、皇家礼炮、百龄坛等品牌成为亚太区的酒类领导品牌。

---

① 2005年7月26日，在法国巴黎，全球第三大烈性酒供应商法国保乐力加集团（Pernod Ricard Group）联合美国富俊（Fortune Brands）公司，以76亿欧元合作收购了全球第二大烈性酒公司英国联合多美（Allied Domecq）。保乐力加成为全球第二大、美国以外地区第一大烈酒和葡萄酒集团。

保乐力加集团的成长壮大和品牌并购息息相关,目前保乐力加在全球拥有72家生产企业和1.8万名员工。通过一系列的跨国并购,集团90%以上的销售额成功地在法国以外的国际市场完成。这些并购不仅持续推动着保乐力加全球市场的扩张战略,提高了在全球市场的地位,同时不断地丰富与调整着集团的产品结构,使得集团更加专注于传统的葡萄酒及烈酒业务。应用强大的资本并购,保乐力加将企业一步步推向新的成长空间,为未来赢得更大的市场胜利奠定坚实的基础。

据总部设在英国爱丁堡的苏格兰威士忌协会(SWA)介绍,2006年中国第一次跻身全球十大酒类进口国行列,其进口总值一年内增长了27%,达5820万英镑。中国作为传统的"白酒国度",对于跨国酒业集团来讲更是最后的、最大的一块蛋糕。2006年12月,保乐力加的头号竞争对手帝亚吉欧斥资5亿元,收购了水井坊16.64%的股份,成为其第二大股东。之后在不到一年的时间里,法国轩尼诗出资1亿元收购剑南春旗下四川文君酒厂有限公司55%的股份。作为以收购见长的保乐力加,当然不会袖手旁观,只不过是时机不合适而已。

之前,由于中国对酒类行业的外资进入有专门限制,意欲保护一线民族品牌。[①] 但从保乐力加一贯的并购对象来分析,公司针对白酒和葡萄酒领域的中国并购,实际上只是一个时间问题。保乐力加集团董事长兼CEO——帕特里克·力加,这位已经执掌保乐力加近30年的并购猎手,对此有他独特的看法:"现在在中国有很多消费者钟爱白酒,所以我们也的确会对这方面非常关注。未来我们或许会在中国收购一个公司,中国的白酒消费群体十分巨大,保乐力加非常关注并对进一步在中国市场渗透和扩张保持兴趣。不过,我们也发现中国人越来越多地开始青睐葡萄酒,特别

---

① 根据国家发展和改革委员会、商务部颁布的《外商投资产业指导目录》(2007年修订)中限制外商投资产业目录中的相关规定,名优黄酒、酒类生产须由中方控股,葡萄酒产业并不在限制之列。

是优质葡萄酒，我们在葡萄酒酿制方面也有丰富的经验，因此更愿意在这方面寻找合作的机会。"

保乐力加之前在中国葡萄酒领域也有合作项目，不过最终以退出合资企业而收场。1987年，法国保乐力加集团和北京葡萄酒厂组建的中法合资"北京龙徽酿酒有限公司"，保乐力加拥有合资企业33%的股权。1987~2001年，保乐力加领导下的龙徽公司，将目标市场定位在包括北京的外籍商务人士、外国使馆人员、北京的高级商务人士等小众群体，并以五星级酒店为主要渠道进行产品销售，称之为"五星战略"。在"不求规模最大，只求品质最好"经营理念的指导下，保乐力加拒绝广告宣传、拒绝非目标客户群的购买、拒绝促销等，只专心做分销，使得公司没有在20世纪90年代中期以后的干酒热潮中扩大规模，后来导致龙徽入不敷出。2002年8月，北京葡萄酒与法国保乐力加集团签订股权转让协议，保乐力加退出龙徽。这为保乐力加在逐渐熟悉中国市场的特殊情况之后，对于烈酒或者葡萄酒领域的多品牌战略在中国市场更加娴熟的运作埋下了伏笔。

2008年，保乐力加（中国）贸易有限公司首次经销"贺兰山"品牌，并成为"贺兰山"牌葡萄酒全国总经销商；2009年1月，中联实业股份有限公司通过拍卖方式获得广夏贺兰山葡萄酿酒公司62%股权；不久后，保乐力加收购广夏贺兰山葡萄酿酒公司，并控股设立合资企业"保乐力加贺兰山（宁夏）葡萄酿酒管理有限公司"；2011年11月，姚明投资的姚家族（Yao Family Wines）酒业已经指定保乐力加中国公司作为其产品在中国大陆的独家进口及经销商。至此，保乐力加正式进入中国葡萄酒生产与分销领域。

多品牌化，实现品牌共赢

全球化的并购行为，使得保乐力加迅速建立起自己的多品牌帝国。为

了更好地管理集团多个品牌同时运营的模式，保乐力加对品牌进行了分类，包括核心战略品牌、其他战略品牌和主要本土品牌三类，加起来品牌共有将近30个。其中，公司将15个品牌作为全球支柱性品牌来培育，包括力加（Ricard）、百龄坛（Ballantine's）、芝华士（Chivas Regal）、甘露（Kahlua）、马利宝（Malibu）、必富达（Beefeater）、哈瓦纳俱乐部（Havana Club）、尊美醇（Jameson）、马爹利（Martell）、格兰威特（The Glenlivet）、杰卡斯（Jacob's Creek）、蒙塔纳（Montana）、玛姆（Mumm）、苏联红伏特加[①]（Stolichnaya）和巴黎之花香槟（Perrier Jouet）。这15个品牌构成了保乐力加的核心品牌群，为其构建全球性的品牌帝国铺就了基石。

对于另外两类品牌（其他战略品牌和主要本土品牌），保乐力加根据国际市场的不同特点和竞争环境来加以整合。也就是说，一个市场可以出现多个保乐力加旗下的品牌，但是集团对它们的战略定位会根据市场情况而做出相应调整。比如，集团旗下的意大利酒类品牌Ramazotti在意大利和德国市场受到了极大欢迎，但是在其他市场，它的口感却不能获得消费者的青睐，因此只能作为意大利和德国市场的补充性本土品牌存在。进入中国市场将近20年以来，保乐力加已经引进市场的产品就包括马爹利、芝华士、皇家礼炮、力加、百龄坛、玛姆、巴黎之花香槟、云咸、杰卡斯、杜本内、甘露、维波罗瓦、蒂她、马利宝、格兰威特、哈瓦纳俱乐部、奥美加、施格兰金酒、必富达、维波罗瓦、潘诺等22个品牌31款产品。但是，保乐力加在中国市场的核心品牌推广，主要由全球战略品牌和中国市场补充品牌两个部分构成。在中国市场上，有芝华士、百龄坛、马爹利等全球核心战略品牌，而把杰卡斯、甘露和玛姆等葡萄酒、力娇酒[②]和香槟

[①] 2005年，法国保乐力加集团收购英国联合多美公司之后，获得了该品牌的全球分销权。
[②] 力娇酒是一种含酒精的水果酒。它的基酒包括白兰地、金酒、朗姆酒、威士忌以及其他的蒸馏酒。力娇酒通常使用水果、坚果、草药、香料、花朵以及奶油增强酒水风味。另外，还有2.5%以上的糖浆。力娇酒属于加强甜型酒。

酒①划分成为中国市场关键品牌。另外，皇家礼炮虽然不是全球战略品牌，但在中国市场上也是关键品牌。在中国市场，芝华士、皇家礼炮、马爹利被称为保乐力加的"三驾马车"。

之所以有这样的品牌推介安排，是基于公司对于白兰地市场已经相对成熟、葡萄酒市场向着高端化发展、威士忌市场快速成长、力娇酒和香槟酒市场具有诱人潜力等中国市场的现有特性和市场发展趋势认识到位。我们可以看到，保乐力加对于多品牌管理的方法，体现了一个金字塔形的品牌架构，即以全球性品牌作为塔尖，其他战略品牌和本土关键品牌作为塔身，共同向市场推进的多品牌共赢谋略。

分权管理，贴近市场需求

要对众多的全球品牌和区域性本土强势品牌实施有效管理，对于保乐力加来说也是一个极大的挑战。尤其是集团通过并购形成的多品牌架构，如何让它们发挥各自的优势，产生"合力"，是管理者必须面对的问题。通过资本并购，保乐力加应用分权管理模式来对不断加入集团的新品牌进行整合。那么，保乐力加又是如何实现分权的呢？在保乐力加总部决策之下，集团设有两条平行的管理路线。一条是根据产品划分的品牌公司，另一条是根据区域市场划分的分销子公司。在品牌管理过程中，集团日常事务由所属的两类公司完成：品牌公司和分销公司。品牌公司主要负责集团关键品牌长远战略的发展规划，而分销公司负责执行各区域各品牌战略和日常运营。在员工构成比例上，保乐力加集团负责行政管理的员工仅占

---

① 根据法国相关法律规定，只有在法国香槟区，选用指定的葡萄品种，根据指定的生产方法流程所酿造的起泡葡萄酒，才可标注为香槟（Champagne）。

1%，品牌公司员工人数也是一小部分，人数比例最大的是分布在世界各地的分销子公司。

也就是说，芝华士、马爹利实际上都是由独立的营销团队来进行运作。由集团总部负责在全球的发展策略和主要政策的制定；品牌公司负责每个品牌的产品研发和全球市场策略的制定，而每一个品牌在各个市场的具体推广策略则由该市场的分销公司负责。品牌公司和分销公司的具体分权运营模式如下：分销公司提出市场推广计划——计划取得各个品牌公司的认同——计划上报区域性控股公司审批——区域性控股公司下拨营销预算资金——分销公司制定并执行相应营销策略。通过品牌公司与分销公司的通力合作，保乐力加来实现各个品牌在各个区域市场的策略实施。保乐力加在全球拥有超过1.8万名员工，但在巴黎总部的员工还不足130人，其余的员工散布在世界各地，通过品牌公司和分销公司来为集团提供服务。

大家有可能会有疑问，分权是实现了，但是这种分权科学有效吗？分销子公司由于长时间关注本土市场，他们能够更好地了解当地消费者的口味偏好和消费习惯，这首先保证了分销公司所提出的市场推广计划的合理性和针对性；其次，通过取得品牌公司的认同，能够协调不同品牌在同一市场的宣传和推广侧重点，既保持重点突破，还支持全面推进；最后，集团下属控股公司对于品牌公司和分销公司的统一管理和协调，保证了两个子公司在责权划分上的明确性。这种分权化的品牌管理体系使品牌战略的执行得到了保障，于是提高了快速决策的能力。

在中国市场上，保乐力加也通过分权管理模式，迅速成长为国内最大的洋酒销售商。早在2006年，保乐力加在中国实现高达20.6亿元人民币的销售额，跃居国内酒类生产和销售企业前10名。目前，保乐力加（中国）公司总部位于上海，在中国拥有7个分公司，分别设立在上海、北京、广州、深圳、厦门、武汉和成都，而且分销网络遍布全国100多个城市，已经在一线城市和二线城市实现成功布局，并且还将触角伸向更多的三线、四线潜力城市。保乐力加（中国）公司作为分销子公司，协同各个品牌制定出既符合集团战略框架又迎合中国市场的品牌推广战略和市场运作方案。出于对中国大陆市场的长期关注和了解，保乐力加（中国）公司推出了有针对性的品牌策略，加强了市场对于企业品牌和产品品牌的了解和认同。例如，"芝华士兑绿茶"这一流行于中国夜场的特殊饮用方法，就是出于保乐力加（中国）公司对于国内消费者口感偏好的准确把握而推出的一种本土化策略，使其销量远远超过了竞争性干邑产品。

分众营销，关注细分市场

"定位理论"的提出者阿尔·里斯在其著作《品牌之源》中就曾举例说，在生物学中，进化的第一条基本规律是适者生存；第二条规律就是分化规律——物种之间的竞争促使它们的形状越来越分化。如果将它放到营销中，产品品类之间的竞争推动品类日趋分裂，原因正是市场碎片化带来了分众市场上的消费者需求进一步细化。分众营销是按照年龄、性别、种族、收入、职业、教育水平、居住区域、兴趣爱好等因素划分为不同的受众群体，根据不同群体的特征提供其需要的信息，分众营销也被人们戏称为对20%重度使用者的"戴有色眼镜看人"，用专门化的营销策略分别从功能上、心理上对重度消费群体开展具有针对性的"攻坚战"。

保乐力加对于旗下品牌的分众市场进行关注，赞助是其主要方式之一。例如，马爹利创牌于1715年，1987年进入中国市场，2006年度全球销量为1672万瓶，其中中国区的销量超过8万箱，位居第三位，英国、美国分居第一位和第二位。马爹利在全球品牌推广的理念是"鉴赏的艺术"，其认为马爹利品牌具有艺术世界里所崇尚的独立思维和无限创意，艺术家们非凡的艺术触觉和精致的艺术技巧，同马爹利干邑的艺术品质相融合，有着相同的个性精髓。在中国举办马爹利精英俱乐部，赞助"奥德赛2004——旅法华人艺术家联展"，从1992年起，"马爹利艺术人物"评选至今。通过这种艺术活动赞助模式，马爹利突出了自身品牌的典雅和高贵品牌形象。此外，马爹利还关注其他能够云集时尚、代表精英阶层的商业或者非商业活动，将分众营销推向另一个高度。"2005精英杯最佳拍档挑战赛"、"2005年度最佳餐厅"评选、"2007年度时尚先生评选"等都在马爹利的赞助范围之内。

保乐力加在中央音乐学院和中央美术学院分别设立"芝华士爱乐基金"和"马爹利艺术基金"，支持该领域的教学科研和国际文化交流活动；皇家礼炮赞助"2005年中国最佳商业领袖奖"评选活动；杰卡斯葡萄酒赞助"2007中国国际时尚家居用品展览会"。在皇家礼炮赞助《2007胡润百富榜》时，保乐力加中国品牌总监王德勤表示："作为享誉世界的超高档苏格兰威士忌，皇家礼炮一直以来都被视为是向各种极致成就献礼的最好象征，此次合作也是向名列榜单的众多中国精英人士取得杰出成就的绝佳献礼！"

分众营销还体现在保乐力加对于渠道的选择上。在中国，高端酒水80%的销量来自酒吧和饭店。保乐力加根据旗下不同品牌的定位来开拓渠道，并没有将产品推向大众渠道进行广泛分销。比如，芝华士公司选择酒吧、迪厅等夜场渠道，因为这里的时尚派对和音乐可以生动地传达享受人生、和朋友一起寻找快乐的"芝华士人生"的品牌理念。而马爹利选择了中式餐厅和西式餐厅，因为这里是商业宴请和家庭聚会的地方。皇家礼炮更关注于凸显成功、成就和权力的商务政务宴请场合。

保乐力加的分众营销，将品牌个性与潜在目标消费群体融合在一起，没有大众化的广告宣传和品牌炒作，分众市场不仅仅带来重度消费者的针对性营销，而且保乐力加分众营销的目标消费群体主要包括社会名流、商界/政界成功人士、白领人士等，还同时具有"意见领袖"的优势。这样，通过有选择地培养"意见领袖",让品牌有故事可讲,进而影响到更大范围的目标消费群体。

体验营销,诠释品牌精神

吉尔摩在《体验经济》中这样写道:"体验是一种创造难忘经历的活动,是企业以服务为舞台、商业为道具,围绕消费者创造出值得回忆的活动。"市场营销大师菲利普·科特勒认为:"体验营销正是通过让顾客体验产品、确认价值、促成信赖后自动贴近该产品,成为忠诚的客户。"企业可以从诸多方面来实施体验营销策略,如在产品中附加体验、用服务传递体验、用情感增强体验、用气氛渲染体验、通过广告传播体验、借品牌凝聚体验、以促销感受体验和在创新中设计体验等方面。

应用体验营销手段来诠释品牌精神和内涵,保乐力加在中国市场上可以说是得心应手。芝华士创牌于1801年。1992年进入中国市场,中国威士忌消费市场的成长和成熟在很大程度上应该归功于芝华士对于市场的长期培育。而经过10多年的市场耕耘,在2005年,中国就已经取代美国成为芝华士在全球的第一大市场。目前芝华士在中国市场上销售量超过70万箱。芝华士品牌的成功,就得益于其对体验营销策略的充分应用。

"This is Chivas Life",看到这句广告语,相信很多人被带入了一个与朋友共同分享休闲时光、享受快乐人生的遐想境界。在确立"享受人生、享受芝华士人生"的全球品牌定位后,保乐力加中国公司推出一系列不同主题的音乐、派对活动,为25岁以上的年轻目标消费人群带来了精彩的"芝华士人生"体验。如果阿拉斯加雪钓芝华士电视和平面广告带给消费者的是视觉上的"芝华士人生"的品牌体验,那么,对于音乐元素的应用将芝华士的体验营销推向了另一个高潮。针对芝华士以迪厅、KTV等夜场为主要销售渠道的品牌定位，赞助和推广直接与夜生活主题有关的音乐活动，成为芝华士体验营销的一把利器。例如，世界顶级 DJ 中国之行、芝华士"未知 2070"大型派对、1970 主题派对、诺拉琼斯亚洲演唱会、《音乐无国界 2004》唱片发行、黑眼豆豆演唱会等，为消费者带来更多精彩的音乐体验和生活体验。又如，从 2005 年 4 月至 6 月，芝华士在上海、北京、广州等 7 个城市共进行了 8 场"未知 2070"大型派对，旨在表达对充满激情、想象和创造力的未来世界的渴望，并让人们分享穿越时空的激情，感受未来的无限魅力，让应邀者真正领略芝华士人生的丰富内涵。

除了品牌形象广告和音乐体验，芝华士还注重线下的体验营销活动，那就是围绕卖场来让消费者体验"享受人生、分享美好时光"的品牌精神。通过视觉和听觉方面的音乐体验和派对体验，芝华士将"生活"与"分享"人生理念与品牌定位完美地结合在一起。此外，芝华士还在各个终端推出促销、小型特别活动（Special Event）、大型主题消费者活动（Theme Campaign）等，在色彩搭配、气氛营造和主题诉求上，都将"芝华士人生"整合到这一系列的体验活动中来。

芝华士兄弟有限公司亚太地区副总裁彼得·普林特说，"在宣传上我们更注重表现动感和活力的一面，经常配合音乐秀、时尚秀来推广产品。为了让年轻人尝试我们的烈酒，我们还建议他们在酒中加入冰块、果汁等进行调味，以适合年轻人多变的口味，配合他们勇于创新的精神"。芝华士在北京工人体育馆北门开了家概念酒吧，驻场韩国酒保每晚上演花式调酒秀。通过线上和线下立体式的体验营销，芝华士已经在中国市场上树立起了追求丰富人生体验的鲜明品牌形象。在与目标受众和消费群体的所有"接触点"上，芝华士成功地将"芝华士人生"的品牌精神转化成消费者的切身体验，进而内化成一种生活方式，这也是 2006 年 1 月所爆发的

"芝华士品牌信任危机"[①]并没有太多影响品牌享受的重要原因所在。

2007年11月1日,在"2007中国营销领袖年会"上,保乐力加中国公司旗下的芝华士品牌以"最佳体验营销奖"获得"2007年度标杆企业"称号。组委会对此做出如下评价:芝华士将自身的品牌底蕴与时尚的生活元素结合起来,塑造了一种典雅高贵的生活方式,用"芝华士人生"取代传统的单一品牌故事,通过整合营销成功营造了一种属于芝华士的文化。芝华士将苏格兰的纯净和风韵带到东方,在古老的国度与消费者分享最让人沉醉的芝华士人生。

2008年,芝华士又在中国发布全新的品牌诉求——"骑士风范",用"荣耀、勇气、手足情义和绅士风度"等四个关键词来接力之前的"芝华士人生"体验之旅。之后,扑面而来的音乐剧、主题派对再次引领消费者畅享芝华士带给他们的独特品牌体验。

公益营销,倡导社会责任

企业社会责任(Corparate Social Responsibility,CSR)要求企业通过实现所有利益相关人的权益最大化,来推动整个社会福利的长远改善和提高,如保障生产安全、维护消费者身心健康、保护社会环境、节约自然资源、资助社会公益事业和关注弱势群体等。简单来讲,企业社会责任可以

[①] 2006年1月20日,《国际金融报》刊登的一篇题为《芝华士12年:"勾兑"了多少谎言》的报道,对芝华士成本、品质、高价格等方面提出质疑。当天,保乐力加(中国)公司委托其公关公司发布新闻公告,指出《国际金融报》的报道并无事实根据,并对芝华士12年产品的生产年份控制和成本构成做了说明。1月24日,保乐力加集团再度以苏格兰威士忌协会的名义通过《第一财经日报》向公众做出回应,表示"芝华士12年"年份是足额的。1月25日,苏格兰威士忌协会、保乐力加(中国)贸易有限公司和英国芝华士兄弟有限公司于上海举行联合记者招待会,再次向媒体重申芝华士12年是用多种在橡木桶中醇化了至少12年以上的威士忌调和而成的。

避免商业组织"不择手段"成为十足的"赚钱机器"。酒类产品作为一个特殊的行业，保乐力加深知自己作为一个杰出行业领袖所应肩负的社会责任。公司长期致力于在全球范围内积极倡导理性消费，鼓励公众包括集团雇员在内以负责任的态度对待饮酒：适度饮酒，从中获得愉悦和享受；反对滥用酒精饮料、酒后驾车等不负责任的饮酒行为。在中国，保乐力加通过关注公益事业来倡导健康的生活方式和饮酒方式，来履行企业的社会责任。

1981年，美国运通公司成功应用公益营销来树立良好的品牌形象，也成为企业界最早的公益营销经典案例。当时，公司宣布只要用信用卡购买运通公司的产品，运通公司就相应地捐赠一笔钱来修复自由女神像。截至1983年，该公司为该项目共捐赠了170万美元。之后，公益事业营销逐渐成为企业与消费者和社会公众沟通，并树立品牌形象的一种有效营销手段。公益营销是以关心人类生存发展、社会进步为出发点，利用公益活动与消费者沟通，将品牌的营销活动凭借公益事业进行传播和扩散，在产生公益效益的同时，使消费者对企业的产品或服务产生偏好，在做购买决策时优先选择该企业产品的一种营销行为。

保乐力加长期在全球范围内支持"避免酒后驾驶，保障道路安全"的公益教育活动，同时在集团旗下品牌所组织的营销活动中也积极采取措施预防酒后驾驶行为的发生。2002年10月，法国保乐力加集团与法国道路安全委员会合作开展了"让清醒的人驾驶"系列宣传活动，在2003年，法国保乐力加集团在法国市场4000多场夜间聚会、派对上展开了道路交通安全宣传活动，推广传播这一理念。从2005年4月开始，保乐力加（中国）公司与中国道路交通安全协会合作，在全国范围内发起了"向酒后驾车说不"的公益宣传活动，该活动一直持续到现在。通过开通专门网站、投放杂志公益广告、发放户外宣传海报、防范知识手册等多种宣传手段，教育公众远离酒后驾车、推动社会和谐发展，并为此专门召开了"酒后不驾车，生命有保障"研讨会。

2007年3月，广东省消费者委员会联合保乐力加集团在广东推出了《洋酒消费指南》宣传画册。内容包括目前在中国市场上最主要的八种洋酒品类及其经典品牌的相关知识、品尝及饮用技巧。针对主要洋酒如苏格兰威士忌品牌芝华士等，详解鉴别真伪的知识，同时还介绍了消费者维权及投诉的相关指导性内容。

公益营销，"主语"为公益，"主角"为企业，公益营销其实也是企业经营价值观念的一种反映，通过公益事业这一载体，一定程度上实现了企业的社会责任，同时将品牌的价值观向公众和社会传播，宣扬一种符合企业品牌价值观念的社会文明或者精神风尚。保乐力加中国公司通过公益营销来向市场灌输一种负责任的企业品牌形象，将倡导良好社会风尚与品牌宣传结合起来，同时在经济效益与社会效益之间获得"双赢"，既利他又利己。

外资企业，不是慈善家，也不是阴谋家，他们是地道的企业家。面对巨大的中国市场，保乐力加会迈出更加理性和猛烈的市场进攻步伐。法国保乐力加集团中国区总经理齐德辉这样看待中国洋酒市场："在中国酒类市场，进口酒的销量增长最快，最近5年的年均增长幅度为30%。但由于目前洋酒仅占中国酒类消费量的1%，因此仍有很大的上升空间。"从保乐力加的中国市场案例来看，挑战更大的其实是国内的白酒和葡萄酒品牌企业，我们能够从保乐力加的营销攻略中产生什么样的反思和诘问，是下一步对抗性竞争中必须明确的方向。

德国汉高（Henkel）成立于 1876 年，总部位于德国杜塞尔多夫。汉高公司在家庭护理、个人护理和黏合剂技术三大战略业务领域为全球客户提供强大的品牌保障和技术支持。包括施华蔻（Schwarzkopf）、丝蕴、孩儿面、宝莹（Persil）、乐泰（Loctite）等在内的旗下众多品牌分别在个人消费及工业领域处于全球市场领先地位并享有极高的声誉。1995 年，汉高（中国）投资有限公司在北京成立，并于 2001 年迁入上海，成为其新的中国地区总部。目前，汉高在中国的投资总额已超过 6 亿美元，公司预计到 2015 年，中国将成为汉高在全球的第二大市场。

汉高：责任公民的绿色"微笑"

2013 年 3 月 20 日，"第六届汉高创新挑战赛"全球总决赛在上海落幕。其间，来自 27 个国家的参赛代表队秉承汉高公司的可持续发展理念，向世界展现了未来科技产品的非凡畅想与创意。100 多年来，德国汉高在将业务铺向全球市场的过程中，围绕可持续发展理念身体力行，缔造了一个卓越的企业帝国。

汉高（Henkel）公司由德国商人弗里茨·汉高于 1876 年在德国亚琛创立。成立之初是一家洗涤剂工厂，主要生产漂白碳酸钠。汉高公司于 1878 年推出了首款清洁剂——漂白碱（Bleich-Soda），由于这款产品销售暴增，无法满足市场的需要，公司把总部迁到了位于莱茵河畔交通更为便利的杜塞尔多夫市。1886 年，汉高首家国外销售办事处在奥地利成立。1909 年，汉高通过兼并对手成立了汉高美国公司。1889 年，汉高首次与荷兰和瑞士进行了业务往来，之后汉高继续拓展自己的国际业务，并于 1893 年建立了与英格兰、意大利的业务关系，从此汉高踏上了全球扩张的征程。1907年，汉高公司以硼酸盐和硫酸盐为主要生产原料，在世界上首次发明了第一个自作用洗衣粉品牌"宝莹"，这款产品从一诞生就备受家庭主妇的青睐，不仅给汉高带来了相当可观的利润，而且大大提高了公司的知名度和美誉度，为其在国际业务上的拓展打下了更为坚实的基础。

从成立至今，历经130多年的潜心经营，汉高已经成为应用化学领域中的一家国际性专业集团。目前，汉高在全球范围内拥有雇员5.5万人（其中82%受雇于德国境外市场），产品多达1万余种，覆盖包括化学产品、表面处理技术、工业及民用黏合剂、化妆及美容用品、家用洗涤剂及清洁剂、工业及机构卫生用品等在内的六大业务领域。在2009年美国《财富》杂志公布的全球500强企业名单中，汉高以135.73亿欧元的销售收入名列第448位。在"家用及个人护理"产品方面，汉高取代了美国金佰利公司，排在宝洁与欧莱雅之后，位列第三位。此外，在之前《财富》商业杂志发布的"全球最受赞赏公司"年度调查报告中，汉高仅次于宝洁，位列"洗护用品与化妆品"类公司排名的亚军。在德国公司排名中，从之前的第16位跃居榜首。2010年3月，美国智库伦理圈研究所新出炉的"世界最具商业道德企业"名单中，具有130多年历史的德国汉高再次入选，这已经是汉高连续三年入选此榜单。在上榜的100家企业中，作为唯一一家总部设在德国的跨国公司，汉高公司最终以其一贯奉行的可持续发展理念再次赢得了世人的瞩目。

根据汉高公司2012财年报告数据显示，公司年销售额达到165.10亿欧元，创历史新高，营运利润达到23.35亿欧元。其中，汉高旗下三大业务部门——洗涤剂及家用护理业务部、黏合剂技术业务部和化妆品/美容用品业务部都获得了稳健增长。2012年度汉高公司全球市场分区域表现如表3-1所示。

表 3-1　汉高公司 2012 财年全球区域市场表现

单位：亿欧元

全球区域市场	销售额
西欧市场	56.10
东欧市场	29.86
非洲/中东市场	10.77
北美市场	30.23
拉美市场	10.62
亚太市场	25.97

绿色经营，致力于可持续发展

汉高一直致力于让人们的生活更美好，汉高旨在做一个"朋友一样的品牌"。经历了横跨三个世纪的变革与发展，汉高已经像一个亲密的朋友一样走进了全球千家万户。在企业与环境的可持续发展协调过程中，汉高以其至高的绿色理念成为无数企业的标杆。它是绿色工业的典范，也是企业履行社会责任的有效途径。

低碳经营，领跑绿色化工

德国汉高一直把可持续发展作为公司本身的核心业务因素。早在1980年，汉高就在《环保与安全的准则和目标》一书中承诺要提高生产安全性、保护资源、减少排放。成立至今，汉高不断在企业层面更新可持续发展目标。从1992年开始，汉高在年度可持续性报告中就开始列举事实和数据，以记录公司在可持续发展中"能源与气候"、"水与废水"、"原料与废料"、"健康与安全"以及"社会进步"这五大关注领域所做出的贡献。汉高的绿色供应链涵盖了产品的整个生命周期，即产品的研发、原材料的供应、生产、物流、使用及处置等各个环节。例如，汉高汽车可持续发展解决方案涉及所有的汽车细分市场，从车身、动力系统、底盘、电力系统到内外饰，从装配和涂装中的胶黏剂、密封剂工程设计到表面处理工艺，从设计制造到售后市场，跨域了整个汽车价值链。

汉高公司致力于开发研究高效率、低能耗的产品和技术。2009年12月，汉高亚太研发中心与同济大学汽车学院合作研究的工程胶黏剂和泡沫平台在减缓氢燃料电池车的振动和噪声方面取得了重大突破。这一研发项目的成功，可以为新能源汽车提供振动噪声解决方案，为汉高打开了通往未来新能源汽车的大门。

地球上的能源正在被无情的消耗，资源越来越匮乏。为了更好地贯彻执行公司的可持续发展战略，汉高要求公司生产的所有产品都必须至少在一个以上的关键领域做出可持续性发展的贡献。为了降低对原材料的消耗，同时减少废物的排放，汉高公司采用资源保护性生产工艺，多采用耐用品，来提高产品价值，降低能耗。在原料使用上，加入更多的天然材料，如汉高在新的肥皂和沐浴露的配方中采用了98%的天然成分。汉高高端护发品牌"施华蔻"的产品配方中就采用生长在摩洛哥的阿甘树果油，这种果油可以有效地预防头发分叉。同时，2001年汉高毅然启动了"阿甘计划"，旨在保护和种植阿甘树，防止这一资源的消失。

汉高在中国市场积极推广高端水性环保型丙烯酸乳液，替代了传统的酪蛋白用于食品包装瓶贴标胶。环保型丙烯酸乳液黏合技术不但可以解决酪蛋白供应紧张、质量易随气候条件波动影响黏合性的问题，保证了贴标胶质量的稳定性。同时，减少了30%的黏合剂用量，而且使生产效率大大提高。由于汉高在环保材料解决方案上的出色表现，2009年3月，在北美举办的沃尔玛供应商峰会上，德国化工巨头汉高公司成为唯一一家获得"沃尔玛可持续性发展奖"的供应商代表。2009年9月，德国汉高成功入选由中国《商务周刊》与权威机构联手评选的2009年"中国50绿公司"榜单。2009年11月18日在上海揭晓的第二届"帝斯曼树脂亚洲可持续发展奖"（奖项设置旨在表彰引领业界向可持续环保材料解决方案方向发展的亚洲生产商）获奖名单中，德国汉高黏合剂业务部获得了此项殊荣。

可持续性发展是汉高公司 DNA 的一部分。对此，汉高全球总裁罗思德先生（Kasper Rorsted）表示："汉高对可持续性发展的承诺也鼓励员工对公司产生深刻的认同感，进一步为公司的商业发展做出更大贡献。"在发布 2009 年财报的同时，汉高也发布了《2009 年可持续性发展报告》，这份报告主要概述了 2009 财年汉高在可持续发展方面所做出的努力。在致力于企业自身运作流程中高效节能的目标下，2005~2009 年，汉高减少了 25% 的二氧化碳排放量，能耗降低 26%，水能源消耗减少 37%，废水排放量减少 12%（以每吨产量计算）。

汉高大中华区总裁艾峡甫说："可持续性发展是汉高公司的一个显著特点，也是一个重要的成功因素。我们的目标是将最好的产品质量与有效的环境保护和社会责任结合起来。无论是现在还是将来，可持续性发展始终是汉高公司最为重要的使命。"事实也证明，汉高已经成为工业、零售业客户和消费者最值得信赖的可持续性合作伙伴。

精益生产，专注产品质量

为了更好地提高生产效率，生产出高质量、低成本且顾客满意的产品，汉高公司一直致力于精益生产策略，汉高在制定并完善全球愿景的同时，承诺"满足顾客要求"和"坚持持续改进"，始终关注产品和服务的质量，并以此为经营理念，获得了客户的一致认同。汉高生产基地的管理团队和工作人员不仅拥有高素质，而且有良好的专业理论知识和丰富的工作经验。下面我们以汉高生产基地的运营为例，浅谈一下汉高在精益生产方面所作出的努力。

准时生产（将必需的产品，仅按必需的数量，在必要的时候进行生产）是精益生产的两大支柱之一。也就是说，在产品生产的一系列工序中，每一个生产工序所需要的物料应该在必需的时候按照必需的数量到达生产线。准时生产不同于传统的生产方式，传统的生产方式由于不综合考虑生产工序的每一个环节，容易造成物品的堆积，而准时生产则不会产生这种现象。在汉高公司亚太生产基地的灌装流程中，公司根据不同的产品类别和不同的产品包装形式选用不同的设备和专用的生产布局，在确定客户需要的产品之后，这些被需求的产品就只能在一条相对应的生产线上进行准时生产。这种对各个产品有针对性生产的生产线流程可以使生产效率更高，更换更为迅速。

除了在生产工艺和生产流程中采用更为高效的精益生产外，在原材料的采购上，汉高也有着自己独特的执行力。作为全球500强的大型跨国公司，汉高的产品种类非常多，生产量非常大，因此采购量就相当可观。如此庞大的采购量对于任意一家供应商来说，都是一个巨大的吸引力。由于汉高采用可持续发展的企业运营战略，公司生产所需要的原材料规格和生产工艺非常复杂，这就要求国际采购机构不仅要具有相当扎实的专业技术知识，而且要清醒认知汉高所需要的各种原材料和物料，而一般的国际采购代理机构无法满足汉高公司的这一要求。因此，汉高公司组建了自己的国际采购中心，铺设全球采购网络，来满足自身企业产品生产的需要。

为了满足精益生产的需要，采购周期也要做出相对应的调整，采购周期的长短直接关乎客户需求的反应速度，影响企业产品的竞争力。在亚太地区，汉高采用基于客户对产品的需求时间来进行预测，然后结合采购周期来储备原料和包装，一旦客户下单，可以立即投入生产。这一模式的使用可以避免提前生产造成的库存积压和物料不足，增加了产品生产的灵活性，压缩了物料的采购周期，同时避免了不必要的浪费，从而大大提高了企业的生产效率。

热心公益，践行"汉高微笑"

"A Brand Like a Friend"是汉高对全球的承诺，这不仅表现在汉高的绿色经营上，还体现在汉高高度的企业社会责任感中。对于汉高，一个企业的社会责任所代表的是一个企业至高无上的目标，而不仅仅是随便喊喊的口号。100多年来，汉高不仅在各个领域为企业社会责任制定极高的商业道德标准，而且积极投身于各种公益事业，旨在使人们的生活更加轻松、舒适和美好。

德国汉高在全球有一个履行企业社会责任的平台——"汉高微笑"（Henkel Smile），"汉高微笑"分为三大核心元素：为了明天（强调员工参与）、汉高友情项目（提供应急基金）和社会合作（突出公司及品牌参与），主要涵盖了社会福利、教育与科学、运动与健康、艺术与文化及生态等领域。

"为了明天"项目注重的是员工的参与，主要是通过物资和产品捐赠及专家建议，支持员工和退休人员的志愿捐赠工作。自1998年创建此项目至今，已经有110多个国家的5000多名员工通过"为了明天"项目帮助了全世界数以千计的人群。

"汉高友情项目"旨在为社会危机和灾难事件提供紧急物资援助。同时，"汉高友情项目"还与遍布世界各地的汉高分支机构一同支持和援助长期的灾后重建工作。2008年汶川"5·12"地震之后，社会各界踊跃捐款为灾区人民重建家园添砖加瓦。德国汉高为我国地震受灾地区累积募集15万欧元，同时捐赠了价值达5万欧元的卫生产品、清洁剂、建材等物品。在整个捐赠过程中，汉高公司的中国员工还积极与红十字会联系，探讨急需物品的类目和数量等。2009年4月，通过"汉高微笑"项目，汉高公司的23名员工前往四川灾区汉旺小学义务支教3天，再度将温暖与微笑送给了灾区。

社会合作主要通过汉高公司或者旗下品牌直接参与的形式来支持汉高全球经营所在地的社会活动和公共机构，其主要捐赠对象为培训与教育机构。自1988年进入中国市场以来，①汉高就积极承担社会责任，通过多种方式支持中国的教育事业和儿童事业。从烟台希望小学到延安希望书库，从天津太阳花幼儿园到救助上海尿毒症儿童，都有汉高员工的身影。类似这样的捐助活动还很多，更多的汉高人把"汉高微笑"带到了更多的地方。至今，全国已有数千名学童受益于"汉高微笑"项目。

此外，汉高认为，自身企业的社会责任还要体现在研发、原材料及采购、生产、包装运输和终端使用等整个价值链上，进行可持续的商业实践。2010年，"世界最具商业道德企业"的获奖名单中再度出现德国汉高的名字。在第四十届达沃斯经济论坛上，由专业杂志《Corporate Knights》发布的全球可持续性发展企业100强名单，汉高排名第11位。种种的荣誉是人们对汉高社会责任在全球范围内的认可。汉高，这一品牌，正如其宣扬的那样——"朋友一样的品牌"，已经像朋友一样走进全球消费者的心中。长期以来，汉高在能源与气候、水与废水、原料与废料、安全与健康和社会进步等五个领域做出了可持续的商业实践，公司将平衡经济、生态与社会责任始终作为企业的主要任务之一。

随需应变，中国业务再调整

一个企业的发展战略不可能是一成不变的，根据市场环境和基于全球

---

① 1988年，德国汉高集团在北京成立北京代表处。1990年，汉高在中国成立了第一家合资企业。1992年，汉高化妆品和美容用品进入中国市场；1993年，汉高工业黏合剂/密封剂进入中国市场；1994年，汉高民用黏合剂进入中国市场；2007年，汉高亚太及中国总部落户上海张江高科技园区。

发展的大背景的变化，企业只有不断适时调整自身的业务和战略目标，才能使整个企业的发展更加稳健和迅速。跨国公司的经营战略也要根据每个地域的不同特点和业务表现不断更新其发展目标，增加企业品牌的全球和区域竞争力。

合资并购，布局全线市场

汉高对中国的投资始于1988年，首先在北京成立汉高集团北京代表处，并且向北京市政府捐赠了50万德国马克用于修复北京的慕田峪长城。之后，为了给德国大众和法国标致汽车制造公司在中国的合资汽车生产厂提供金属表面处理剂产品，汉高集团首先对中国进行了技术输出，于1990年分别在中国的上海（注册资金230万德国马克，约为160万美元）和广州（注册资金200万元人民币）建立了合资化学品公司（汉高分别出资50%）。由于有非常稳固的供货关系，汉高在华投资跳过了产品的销售和技术许可证转让生产阶段，直接进入了合资阶段，汉高技术业务部进入中国。在汉高上海和广州这两家合资公司的高效益以及当时汉高洗涤用品市场的竞争对手宝洁公司（P&G）旗下的飘柔、海飞丝、潘婷等品牌取得的成功刺激下，汉高集团更加看好中国这一巨大的潜在市场，毅然决定加大对中国的投资力度。

合资建厂和收购当地知名企业成为汉高在中国拓展业务的不二法门。1992~1996年是中国消费品市场的黄金年代，消费品市场的空前活跃同时刺激着汉高在中国的扩张行动。1993~1996年的四年时间，汉高耗资3亿多美元在中国建立了11家合资企业，业务覆盖洗涤剂、化妆品等领域。

1996年德国汉高控股上海可蒙，获得了"可蒙"与"孩儿面"这两个在国内化妆品领域中颇为知名的护肤品牌的使用权和管理权。由此，汉高拉开了其在中国市场的一系列品牌改造工作的帷幕。这些国产品牌与汉高在我国生产的国际品牌"Fa"花系列护肤品，都取得了很好的业绩，其中

"孩儿面"成为家喻户晓的儿童护肤品牌，并获得了中国国家统计局颁发的"1997年儿童护肤产品国产品牌销量第一"的骄人成绩。1997年，德国汉高将北京丽源的"光明"染发系列纳入旗下，推出高品质的时尚染发系列"光明蓓泽丝"，成立了北京（汉高）丽源日用化学品公司，拥有该公司的绝对控股权（汉高持股70%）。2002年上海汉高公司收购了北京丽源另外30%的股份，使其成为外资独资公司，并与上海汉高日用化学品服务有限公司合并后归入上海总部。

1994年，汉高集团在华投资建立中外合作企业——汉高黏合剂有限公司（投资总额累计达3200万欧元），汉高民用黏合剂进入中国市场。2004年2月24日，汉高集团与上海轻工控股集团达成协议，全资收购上海轻工控股集团子公司上海海文集团的中国国产老品牌"熊猫"。"熊猫"系列胶黏剂产品曾多次被评为上海市著名商标和名牌产品，年均销售额超过500万美元。当时德国汉高在中国黏胶市场上除个别胶种占有50%的市场份额外，其他胶种占有率均不足10%。并购"熊猫"不仅弥补了汉高产品线中端品牌的缺乏，把竞争对手变为自己冲击市场的利剑，更重要的是，在中国胶黏剂这个潜力巨大的市场中汉高可以充分利用"熊猫"品牌的成熟销售渠道，迅速抢占市场，实现其在中国胶黏剂市场发展的战略目标。由此可见，这次收购"熊猫"对于德国汉高集团来说可谓是具有特殊的战略意义。汉高在中国市场涵盖了集团两大核心业务，即黏合剂技术、化妆品和美容用品，如表3-2所示。汉高的这种全球品牌与本地品牌相结合的品牌组合战略成功地为其打开了中国市场。

表3-2 汉高中国市场业务领域与代表性品牌

业务领域	主要品牌
黏合剂技术	乐泰（Loctite），泰罗松（Teroson），Liofol，Hysol，百特（Pritt），百得（Pattex），赛力特（Ceresit），美德兰（Metylan），熊猫（Panda）等
化妆品和美容用品	施华蔻（Schwarzkopf），蓓泽丝（BZS），光明（Guangming），孩儿面，HEM，FA，可蒙（Kemeng）等

业务瘦身，调整中国战略

在汉高进入中国的第 20 个年头，德国汉高（中国）投资有限公司于 2008 年 12 月底宣布：自 2009 年 1 月 1 日起，汉高将停止在华销售洗涤剂及家庭护理业务产品。此举标志着包括五个进口品牌（宝莹、Perwoll、Pril、Sofix 和 Somat）和三个本土品牌（威白、妙力、天清）的洗涤护理产品将退出中国市场。

自 1993 年德国汉高通过合资并购手段进入中国洗涤市场，经历了业务增长的高峰期。到 2008 年，中国市场成为汉高在全球少数的"全业务市场"之一，其在华核心业务主要包括黏合剂、化妆品和美容用品、洗涤剂及家庭护理三大部分。汉高在中国的扩张，在工业产品和消费品领域各自采用了不同的品牌策略。在工业产品领域，汉高主要服务于拓展全球业务的工业用户（如德国大众），推行的是全球性的品牌策略，提供全球一致的产品和技术解决方案。但是在日化消费品领域，汉高采用的是全球性和地区性品牌并行的策略，在推广自身全球性品牌的同时，还通过并购本地区域品牌来实现业务的有机增长。但是汉高在此领域始终缺乏一个强有力的国际品牌，而其买断的中方品牌在跨区域经营时又受创。2003 年之后，汉高家庭洗涤业务仍然没有能够峰回路转，公司屡遭年度亏损，最终放弃了在华洗涤护理业务。

对于汉高来说，放弃中国市场洗涤护理业务也并非一件坏事。随着汉高业务板块的不断整合，各个地区的业务个性将更加明显。比如，在欧洲市场，汉高化妆品和个人护理品的知名度很高，市场占有率很大；而在中国市场上，黏合剂业务是其最值得称赞的地方。为了适应各个地区不同的差异，汉高只有通过策略调整才能促进其国际业务的进一步发展壮大。

作为一家拥有 130 多年历史的跨国公司，其业务的调整一定有其依据的事实，而不会做出"盲目不理性"的举动，在汉高撤出中国洗涤剂市场后，汉高可以更加专注于中国市场黏合剂业务和化妆品业务的拓展。汉高声称：自 2009 年以后，其在中国的身份是一个化工巨头，而不再是一个日化或者快速消费品的定位。2011 年，汉高再次投资 5000 万欧元在上海兴建全球最大的添加剂生产厂。

由于汉高在中国的业务发展迅速，为了更好地服务中国消费者，及时接纳消费者反馈，1998 年，德国汉高把中国市场的总部由香港迁到上海，并且在 2007 年将上海作为亚太地区的总部。目前，汉高在中国市场的业务范围涵盖了汉高集团四大业务部门，即洗涤剂、化妆品和美容产品、民用黏合剂及汉高技术。中国也成为汉高集团在全球市场上除欧洲以外唯一生产经营集团全部产品的市场。亚太市场中，超过 1/3 的销售收入得益于中国（包括香港地区）市场的发展。

汉高认为：可持续发展有三个层面的内涵，那就是创造一种在人、地球与利润之间的平衡。企业只有赢得战略的优先权，才能够保证长期商业价值的增长。在以市场为推动力而开展的遍布全球商业活动过程中，汉高同时向公众展示了一场围绕"人·环境·经济"，专注"负责任的"、"可持续的"绿色理念推广行动。而在低碳经营与绿色经济的全球浪潮中，也只有那些抱有对环境负责、为顾客着想理念的商业企业，才能在未来的市场竞争中走得更远。

家得宝（The Home Depot），全球最大的家居建材零售集团，以其独特的经营模式成为被同类企业效仿的标杆。中国房地产业的升温，刺激着国内建材市场的膨胀，同时也吸引着全球建材零售商的目光，与百安居和乐华梅兰等主要的竞争对手相比，家得宝在中国市场算是绝对的迟到者。就在2007年底，家得宝通过收购中国国内建材品牌"家世界"的方式进入中国市场，但是在竞争格局已经初步形成的中国家居建材市场，它能否给我们续演一场属于东方的"血橙牛仔"神话？

家得宝：勾勒东方的家居版图

1978年，马库斯（Bernie Marcus）和布兰克（Arthur Blank）率先提出了仓储式、货架式销售家居用品的概念。1979年，他们在亚特兰大创办了第一家店——家得宝家装材料店（The Home Depot）。通过超市销售家居建材商品，在当时可以说是一场零售业的革命，因为它改变了家居物品的传统销售方式——分散的摊位制和单一的专卖店销售模式。因此，家得宝商业模式上的创新从一开始就为其日后的成功打下了坚实的基础。

经过30多年的发展，家得宝现已成为全球第一大家居建材用品零售品牌，公司在美国的50个州、南美哥伦比亚地区、波多黎各以及美属维尔京群岛、加拿大10个省份、墨西哥和中国等市场拥有超过2000家的零售门店，员工总数约36.4万名。自2005年在全球市场的门店突破2000家以来，家得宝的门店数量一直稳定在2200家左右，其中2006年达2147家，2007年达2234家，2011年达2252家。在家得宝全球各地的门店中，所销售的家庭装修装饰材料包括：木材、基础建材、墙地面覆盖材料、油漆涂料、五金工具、水暖器材、电工电料、园艺及汽车用品、灯具、家庭美化用品和厨卫设备等10多个门类的商品。家得宝的每家门店都能够向顾客提供近3万种现货商品和6000多种特殊订单商品，可以帮助顾客实现从毛坯房到成品家的全部选择，满足"一次购物，全部满足"的购物需求，而且还提供各类相关专业化服务。而在店铺品牌传播诉求的选择上，家得宝也随着竞争环境与顾客购买习惯的变化而变换，如表4-1所示。

表4-1 过去30年间家得宝的广告用语变化

20世纪90年代初期	"家得宝，低价刚刚开始" The Home Depot, Low prices are just beginning
20世纪90年代后期	"当你在家得宝，你会感觉在家是对的" When you are at The Home Depot, You will feel right at home
1999~2003年	"家得宝，家庭装饰品的首选" The Home Depot: First in Home Improvement
2003年之后	"你可以做到，我们可以帮忙" You can do it, We can help

2006年《财富》世界500强企业排行榜上，在上榜的43家批发零售企业中，沃尔玛、家乐福和家得宝分别以3511.39亿美元、990.15亿美元和908.37亿美元的营业额组成了"世界零售三大巨头"。家得宝在全球拥有2200多家门店。[1] 1981年，家得宝股票在纽约证券交易所上市，目前是道琼斯工业平均指数和标准普尔500指数的组成部分。中国市场的巨大潜力，吸引着来自全球各行各业的领导型企业纷纷转战中国，来"分一杯羹"。身处家居建材领域的家得宝也没有例外，将触角伸向了中国市场，但是无论在进入时机还是在策略选择上，它都面临着前所未有的挑战。2012年《财富》世界500强榜单中，家得宝以680亿美元的营业收入位列第101位。

---

[1] 根据家得宝公司2007年第三季度报告数据显示，公司在全球拥有2224家门店，其中美国市场1943家门店、加拿大市场120家门店、墨西哥市场64家门店、中国市场12家门店。

辗转布局，中国市场的后来者

在美国本土市场，家得宝借助新兴的家居建材零售业态，从1979年亚特兰大的第一家店，在美国其他州建材市场迅速扩张。1993年，家得宝旗下连锁店铺规模达264家，但是市场仅限于美国本土市场。1994年，家得宝进入加拿大市场，从此走上了开拓国际市场的道路，并主要以美洲市场为主。而此时在遥远的中国，家居建材市场也开始积蓄力量，等待爆发。

家居建材兴起，群雄逐鹿市场

1998年以后，中国房地产业迅速升温，同时带动了家居建材行业的蓬勃发展，家居建材业零售额以每年15%以上的速度增长，现在每年已超过6000亿元。20世纪90年代末，国家实行的"包税"政策（商户只需向建材城交纳租金而无须缴税）又极大地刺激了摊位式建材市场的发展，并逐渐出现包括玉泉营环岛家具城、名流家居和东方美都等一批营业面积在1000平方米以上的建材城。鉴于迅速膨胀的中国市场，家世界、东方家园、好美家和家福特等国内建材超市品牌纷纷创立。中国建材市场的巨大诱惑，也吸引着百安居（英国）、宜家（瑞典），乐华梅兰（法国）、欧倍德（德国）等国外家居建材零售巨头纷纷进驻中国市场。例如，1999年6月，百安居（中国）公司在上海开了第一家门店，并迅速成长为中国市场的领导品牌；欧倍德和乐华梅兰也分别于2000年和2004年试水中国家居建材市场。

而作为全球最大的家居建材零售集团，家得宝并没有直接进入中国市场，其主要原因在于公司在开发其他国际市场的过程中遭遇了"滑铁卢"。20世纪90年代后期，在成功登陆加拿大之后，家得宝陆续进入阿根廷和智利，开始运作南美市场，但是限于在阿根廷和智利市场无法实现规模效应，2001年，家得宝撤出这两个市场，集中资源开拓墨西哥市场，并在该市场上站稳脚跟。在南美市场受挫后，家得宝放缓了海外市场的扩张脚步，之后一直没有进入其他国外市场。

对于公司在全球市场的布局，家得宝也承认，过去其主营业务过于集中于北美市场，而对于迅速发展的中国市场没有抓住机会。虽然没有直接进入中国建材家居零售市场，但是家得宝在较早时候已经通过另一种途径进入了中国市场。2002年，家得宝在上海和深圳成立了家得宝采购服务咨询有限公司，负责中国区采购工作。由于体会到了中国市场的增长潜力，2003年6月，The Home Depot Asia 在华成立，负责在中国市场的开店或者并购事宜。2004年，家得宝开始着手在中国市场的收购工作，但是始终没有找到合适的并购对象。而就在这个过程中，其主要竞争对手——百安居——于2005年4月通过母公司英国翠峰集团斥资13亿元人民币收购了竞争对手欧倍德在中国市场的全部零售业务，进一步确立了在中国建材零售连锁的"领头羊"地位。百安居的这一收购行为同时拉大了其在中国市场与包括家得宝在内的竞争对手之间的距离。

家世界崩盘，家得宝并购入市

说到家得宝进入中国市场的话题，就不得不提国内著名家居建材企业——家世界。家世界开业前夕，公司曾耗资2000万~3000万元，组织30多人到美国的家得宝公司接受了3个月的学习和培训。1996年12月，作为中国第一家建材超市，家世界家居装饰建材超市在天津诞生。家世界家居第一家店在诸如商场图纸、货架、手推车和软件系统等都是从美国引进，进口商品和国产商品大约各占50%，就连总经理也是由美国人梅森·劳顿担任。因此，家世界在经营模式上是家得宝在中国市场的一个翻版，并借助此模式在国内市场扩张门店。这一经营模式逐渐成为国内家居建材业态的行业标准,从之后进入市场的东方家园、家福特和好美家等家居建材超市的身上都能够找到家世界的踪影。

得力于市场的膨胀和新型的零售业态,家世界在天津、北京、西安、青岛、沈阳和郑州6个城市逐步开设了12家店铺,成为中国家居建材市场中的佼佼者。根据中国连锁经营协会统计,2001年以来,家世界集团销售额排名一直在前20名以内。但是,快速的扩张给家世界带来了各个方面的压力,比如,家世界对各地店铺物业产权拥有量高达70%的业务拓展模式,对公司提出了强大的资金要求;公司上市融资的计划也被搁浅,导致家世界面临越来越大的资金压力。此外,随着企业的扩张,人才、管理和培训等方面也成为家世界再度扩张不可逾越的障碍。2006年下半年,家世界终于因扩张过度而出现现金链告急,待价而沽。之后,百安居和乐华梅兰等国外品牌均与家世界频繁接触,希望借此机会并购家世界进而扩大在中国市场的份额。

虽然丧失了在第一轮竞争中的先期优势,家得宝却一直在关注中国建材市场的发展,并伺机动手。2004年,家得宝在中国设立第一个业务发展办公室,以开展相应市场的调研活动,加强对中国市场的了解。他们发现,中国约70%的家庭装饰费用被用于新房屋的内部装修,这为家得宝提供了一个良好的增长机遇,因为家得宝在家装用品和装修服务方面拥有雄厚的实力。而且在当时的市场上,百安居、好美家、欧倍德、东方家园、家世界和乐华梅兰6个竞争对手总共在中国开设85个连锁门店。根据六大零售商公布的开店计划,到2008年,其在中国的总店铺数会达到285个。家得宝认为,依照这样的发展速度,中国市场显然已经无法容纳第七家建材零售商。因此,收购兼并就理所当然成为家得宝进入中国市场的策略选择。

家世界的待价而沽为家得宝染指中国市场提供了一个良好的平台。无论是在美国本土市场还是国际市场的扩张,并购是家得宝所采用的一贯手段。例如，1994年，家得宝兼并艾肯海德公司，并将之发展成为加拿大分公司；2001年，家得宝正式通过收购 Total Home 进入墨西哥市场。为了进入中国市场，2005年4月，家得宝与英国翠峰集团（Kingfisher，百安居的母公司）启动了新一轮的并购谈判，欲以143亿美元收购后者，经过几轮谈判未果，家得宝借收购百安居直接进入中国市场的计划并没有实现，只好将收购目标锁定在国内建材超市企业身上。

在收购事宜上，家得宝也曾与北京东方家园展开谈判，但是最后由于东方家园不愿出让控股权而使收购流产，就在这时，家世界的资金危机为家得宝提供了新的并购机会。2006年12月，家得宝用1亿美元取得了家世界家居建材超市业务100%的控股权，一举拥有了在北京、天津、西安、沈阳、青岛和郑州6个城市的12家门店和3000名员工。然后经过8个月的整合，这12家门店于2007年8月26日正式开业（其中，北京市丰台区的成寿寺店编号为第2130），家得宝由此全面进入中国建材零售市场。

应需而变，创造顾客价值

在并购家世界之后，家得宝经过8个月的时间完成了对原家世界人员、店面和产品结构的整合，并组成了一支符合家得宝企业文化和管理模式的新团队，还对所有店员和供应商伙伴进行了培训，使他们了解家得宝的核心价值和愿景。此外，针对中国市场的具体情况，家得宝还推出了一系列的措施来适应市场竞争的需要。

入乡随俗，从 DIY 到 DIFM

在家居建材行业，家得宝首创了家居大卖场这样的商业模式，伴随这一模式的核心理念——自助装修（DIY）。在家得宝创立初期，经过对北美建材家居市场的调查，家得宝发现在装修房屋时顾客有两个选择：通过雇用别人来完成或者从五金店购买工具和材料，然后自己做这项工作。尤其是从20世纪80年代开始，经济发展给人们带来了更多的闲暇时间以及更高的可支配收入，更多顾客具有了自主装修的意愿。紧跟建材市场消费模式的变化，家得宝在家居市场也导入了"自助装修"的经营模式，之后还成为整个家具建材超市界的行业规范。

之后，随着美国年轻一代消费者在购物时希望获得更多服务的这一需求，家得宝开始在门店中推出了安装、维修和送货上门的服务。这样，家得宝从原先的DIY理念逐渐过渡到"DIY+BIY+CIY"（自己创造设计装修风格，请专业人士施工）的新时代经营哲学。经营理念的升级也为家得宝带来更多的忠诚顾客和销售收入。家得宝大量雇用有丰富商业经验的销售人员，他们走到顾客中间指导诸如厨房橱柜或者地板安装等问题。另外，家得宝还开办了教给顾客诸如电线安装、木工和水管安装等技能的店内部门，并把专业知识编成书赠送给顾客，从如何绝缘、防潮、防寒到如何粉刷和上漆都给予提示和建议。

有数据显示，2007年，中国的住宅投资继续保持了20%以上的增长。进入中国之后，家得宝同样将"DIY"模式导入市场，而且针对萌芽中的DIY市场，家得宝也做了一些创新性努力，如建立全新的色彩中心等来引导顾客自助式服务。家得宝相信，DIY也会逐渐改变中国的家装市场发展方向。在目标客户群体的选择上，家得宝把目光关注于那些居住在大城市、年龄在30岁左右、第一次买到房子的群体。对于这部分消费者来说，在省事、省时和质量保证的前提下来完成家居的装修装饰，是他们所追寻的首要购买利益。针对中国市场的这些特点，家得宝舍弃了其在北美的以DIY市场为主的定位，转向符合中国特色的"替我做"(Do it for me，DIFM)市场，并以家得宝装修设计中心来统筹消费者的一整套装修服务。

共同成长，构建和谐厂商关系

作为大型的连锁家居超市，构建强大的物流系统并对供应商进行及时严密的管理至关重要，因为这是通过物流平台来对流入产品的质量进行控制并实现规模效应。2005 年 5 月，为了加强与 1 万多家供应商的信息交互，家得宝专门在公司网站上开设了"供应商中心"页面，通过这一网络平台，供应商可以随时获得各种不断更新的有用信息，其中包括如何与家得宝开展业务，供应商绩效考核规定、展会培训信息和供应商记分卡等。2005 年美国东南部发生飓风时，这个网站就显得非常便利。供应商们可以从这里知晓如何重新安排运输路线，绕过那些受灾严重的地区。并向潜在的供应商提供包括物流、店面运营、融资、存货管理、制造质量和安全等方面的培训课程。此外，家得宝还与供应商建立了电子订货和网上查询系统，通过这一系统，一方面供应商能够及时掌握家得宝开新门店的数量、供货需求和预期实现目标等，从而供应商能够适时地调整自己的生产和配送计划；另一方面可以给予这一平台获得关于产品改进方面的建议等。家得宝的目标是在不远的将来能够和供应商群实现 100% 的电子数据交换。

目前，家得宝通过上海、大连和深圳等基地，与中国 500 多家供应商建立了伙伴关系，为北美市场每年采购将近 1000 亿元人民币的产品，其中包括照明设备、电风扇、瓷砖和地板材料、卫浴设备以及装潢工具等数万种的商品，甚至家得宝公司拥有的部分自有品牌 Ryobi、Hampton Bay 和 Glacier Bay 等都是由中国的供应商来生产。家得宝在中国采购的份额占其全球采购的 10%，中国是家得宝全球最大的单一采购市场。

除了进一步将中国的供应商导入其全球采购系统之外，家得宝还注重对中国供应商的引导和培训。2008 年 6 月，郑州家得宝建材超市推出了针对装饰公司、装修工程队等专业客户的优惠，并将 2008 年作为家得宝的"专业顾客年"。时任家得宝中国零售业务总裁指出，"客户、员工和社区是排在最前面的三个群体，我们具有符合中国文化的企业文化，那就是尊重所有人，努力赢得和谐的经营环境。"家得宝希望通过注重供应商的利益，最后建立二者和谐共生的合作关系。因此，也十分重视对于中国供应商伙伴的关注和管理。例如，2007年11月，质量与安全第三方机构Intertek与家得宝在深圳举办了"产品质量与安全论坛"，通过与中国电子电气产品供应商一起探讨北美市场对电子电气产品的环保要求，来完善自己的采购供应链体系。之所以这样做，是因为"中国制造"为家得宝全球门店供应大量的家居建材产品，通过对供应商的环保宣传阐释，能够和中国的供应商建立更加稳固的伙伴关系。

针对家装建材超市领域出现的拖欠供货商货款情况，2007年4月，家得宝专门召开了供应商大会，解决了原家世界与供应商之间的货款拖欠问题。收购家世界之后，家得宝除了保持原有供货产品外，还增加了不少新品牌。自有品牌与专属品牌也是引入产品之一，公司希望有步骤地把一些海外供应商带入中国门店，对这些直接供货的品牌没有收取任何中间费用。这些动作虽然可以丰富家得宝的供应商链条，但是在门店较少，暂时无法通过配送中心来实现采购和配送的规模经济情况下，家得宝在短时间之内还需要承受巨大的成本压力。

但是，在中国市场，"价格战"历来是商家的撒手锏，超市终端不得不在自身利润和供应商利益之间进行权衡。家居产品的同质化与连锁超市经营费用的逐渐攀升，将会导致供应商与门店之间的利益失衡。2007年度，建材行业著名的"雅百事件"实际上只是供应商和建材家具超市之间博弈的冰山一角。其核心矛盾主要有两个：其一是雅迪尔、图腾宝佳等建材商指责百安居拖欠货款，其二是百安居的高额销售款扣点。只有合理整合中国的供应商链条，才能保证家得宝在中国市场的平稳发展。因此，家得宝的中国之路，是否会重蹈像"雅百事件"的覆辙，现在来看还是一个很大的未知数。

环保家居，促生绿色消费

生活水平的提高，必然导致消费者在包括食品、家电、汽车、服饰和家具等方面寻求更为健康的绿色产品。家得宝在倡导和实施绿色消费方面可谓煞费苦心。例如，2000 年家得宝承诺不再销售来自生态环境较敏感区域的木材，开始优先选择那些通过合理手段种植和管理的木材。

为了鼓励供应商生产出符合环保要求的产品，家得宝开始实施"绿色保护·我的选择"（Eco Options）项目。2007 年 4 月，家得宝公司在美国市场推出了一系列名称为"绿色保护·我的选择"的产品，这部分产品共有 2500 多个品种，分别具有循环开发森林、高效节能、洁净水源、清新空气和健康居住等特点。在美国，商品要满足 Eco Options 品牌的要求有两种途径。一个是获得像能源星球或森林委员会等专业结构的认可证书；另一个途径就是其环保声明通过了第三方科学证书系统的测试和有效性检验。家得宝是获得 Eco Options 第三方检验权利的企业之一。家得宝计划到 2009 年把 Eco Options 品牌扩大到 6000 种产品，一方面促使供应商生产更多的绿色产品，另一方面通过绿色产品的货架陈列来引导消费。作为 Eco Options 推出活动的一部分，家得宝在 2006 年 4 月 22 日世界地球日这一天在商店里向消费者赠送了 100 万只节能灯泡。

公司还向"绿色产品"供应商提供了一系列的支持政策，如符合 Eco Options 要求的产品可以优先获得在家得宝门店的显著货架空间以及门店的积极主动营销宣传等。此外，在考核供应商绩效水平方面，家得宝不仅将"提高产品质量、降低成本、进行创新"作为考核指标，还将"供应商社会责任和环境责任"作为另外一项重要的指标。通过 Eco Options 的绿色供应链模式，家得宝希望与供应商、建筑商和消费者一起关注环境的可持续发展问题。

在家得宝零售店中，只有各项指标符合某个环保标准的产品，才能被贴上"Eco Options"标志，消费者也可以通过这一标志来进行产品的选购。2007年5月，家得宝把这一活动引入中国。通过在中国市场推广"绿色保护·我的选择"系列产品，公司向市场传递出家得宝独特的家居服务理念——可以促进未来可持续发展的绿色经营哲学。因此，家得宝在中国市场的战略定位可以解释为：在商品、品牌、质量保证、家居设计和施工等各个方面能够做出最优化的模型，使得消费者能够获得健康的家居，清洁的水和空气，循环开发的木材和高效节能的设备。

在中国市场，家得宝的绿色认证家族中已经有超过350种的产品，旗下包括循环开发森林、高效节能、健康居住、清新空气和洁净水源5个产品系列，而且更多的产品推行计划也正在实施中。在中国市场，凡是要求进入家得宝绿色环保体系的产品，首先要向家得宝出具国家环保总局颁发的环境标志产品认证证书，然后再由家得宝的相关检验部门对该产品进一步检测，只有经过这两个环节的严格审核和检验，供应商的产品才能被贴上绿色环保系列标识（"绿色环保·我的选择"的绿色标识牌）在家得宝门店中进行销售。

对于通过打环保牌，构建绿色供应链系统，家得宝中国公司有着独特的主张：尽管进入中国市场较晚，但在经营和布局上，家得宝还是能够凭借自身特色吸引消费者，尤其是通过绿色环保等类似的宣传活动来树立差异化的品牌形象。为此，家得宝还借用其他的场合或者事件来强化公众对于绿色消费的关注和认可。2008年4月20日，由中国消费者协会、国家环境保护部环境认证中心、全国工商联家具装饰业商会和中国绿色家居专业委员会共同发起主办的"全国百家品牌家居卖场环保消费大行动"在全国范围内拉开帷幕。围绕本次活动，家得宝通过成为"绿色安居联动卖场"的成员企业，倡导绿色消费，宣传"中国环境标志"，共同推动家居行业环保水平的发展。

在日常的门店运作中，家得宝也关注产品的环保功效和企业的社会责任。例如，在对家世界原先的门店整合改造时，针对北方市场普遍存在的水质差问题，家得宝创建了全新的水处理中心，还第一个在卖场规划出净水专区。此外，家得宝还出台了各种支持环保的"绿色"政策和规则，如要求各门店和办公室使用由循环再生材料制成的办公用品、标签和购物袋。为了节约店内能量，家得宝首先在200家店面的照明部门用节能灯替换掉白炽灯，并逐步扩展到加拿大、墨西哥和中国等其他国际市场的店面。

通过倡导绿色消费，走中高端路线，家得宝意欲在中国市场上树立鲜明的品牌形象——绿色与和谐。但是，包括百安居在内的竞争对手也都将绿色营销作为品牌在市场上独树一帜的策略，要发出自己的声音需要家得宝巨大的生产、配送和营销投入。因此，差异化的品牌定位路线，考验的不仅是家得宝的经营智慧，更为重要的是它能够将这一点做得足够透彻，使之成为品牌的竞争优势。

提速中国，迟到者能否成为领跑者

如果说中国市场是家居建材市场的"最后一块大蛋糕"，那么家得宝的选择无疑是正确的。但是，在一个竞争对手云集的市场上，如何才能够以"后来居上"的竞争脚步来迎接激烈的市场竞争，摆在家得宝面前的将是一个极其艰难而巨大的商业挑战。

巨头云集，加大市场拓展难度

从1998年开始，在中国市场上逐渐有更多企业开始尝试不同的建材零售运作模式。目前，中国家具建材市场主要有四种经营业态：第一类为小型的"街边店",主要针对价格敏感型的顾客展开销售;第二类为建材市场经营者或者商业地产商,通过招商的模式吸引建材经销商进驻,管理很粗放,但是却占到建材零售70%的市场份额;与第二类业态相比较,第三类的主要特点在于建材市场经营者或者商业地产商在招商完成之后,对产品质量控制、购物环境和营销策划等方面具有统一的标准和步调;第四类为建材超市,能够为顾客提供有质量保证的"一站式"购货服务。虽然,建材超市还不算是一种主流的消费模式,但是通过前期国内建材超市与百安居等国内外品牌的市场培育,消费者对家居建材超市的品牌依赖度正日益提高,而家得宝终于适时地挤入了这趟特快列车。

作为一种新兴的建材零售业态,建材超市在建材流通行业的市场份额还比较低。目前,发达国家95%的建材零售是通过连锁超市的渠道,而在国内建材零售水平最高的上海,这一比例也只有20%。预计未来3~5年,上海、北京、广州等中心城市的建材连锁店销售额将占到50%~80%。著名的家居建材超市具有以下主要特点:在采购环节,超市通过专业采购人士代替消费者来选择质量可靠的产品,并制定相应的产品入场门槛;在销售环节,通过为消费者提供一站式购物模式,更重要的是将售前、售中和售后服务作为品牌企业拓展市场的重要手段,这种知识型服务进一步保证了消费者的利益。而这些几乎都是市场上主流家居建材品牌的运作模式。

因此,从当时的市场格局来看,家得宝要在中国市场进一步扩张,无论在规模上还是在市场布局上,都面临着竞争对手的强大挑战。例如,2005年欧倍德在中国的13家店面被并入百安居的版图。2006年,中国已是翠丰集团在门店数量上仅次于英国和法国的第三大市场,是全球业务增长最快的一个国家。到2007年,百安居已经在中国的27个城市建立了60家店面,营业额超过60亿元。家得宝中国市场主要竞争对手概况如表4-2所示。2008年上半年,欧洲瑞寰基金收购东方家园47%的股份,双方还将合力打造一个新的家居建材品牌"欧华尚美"。欧华尚美希望通过东方家园的渠道进入市场，并成为像宜家那样拥有自有品牌的家具卖场，最终形成一个集合超市、家装和家具卖场三大板块经营格局的"新家园"。目前，根据新的发展规划，未来3~4年，新家园的店面总数将达70家左右，至2017年，"新家园"的门店数量将达160家。自2004年11月在北京建立第一家店之后，2008年3月，乐华梅兰与北化集团签订了"乐华梅兰北京大郊亭店"项目合作协议，计划在北京开设其在中国市场的第二家店面。对此，乐华梅兰中国区CEO林伯怡还解释道，乐华梅兰目前已顺利通过对中国市场的研磨阶段，在中国的连锁发展将全面提速，并已对上海等地考察选址，同时还考虑通过收购进行扩张。可见，家得宝的中国旅途仍然充满了不确定性，迎接它的肯定是一场更为持久的品牌攻坚战。

表4-2 2006年度中国市场大型家居建材连锁业态一览

企业	连锁店铺数量（家）	主要分布城市
百安居	60	北京、上海、南京、青岛、苏州、昆明、深圳、杭州、武汉、广州、福州、无锡、哈尔滨、大连、天津、东莞、沈阳、重庆、西安和成都20个城市
东方家园	25	北京、沈阳、哈尔滨、大连、青岛、济南、成都、重庆、长沙、太原、长春、南昌、西安、杭州、福州和厦门16个城市
好美家	29	上海、武汉、北京、广州、南京、宁波和合肥7个城市
家得宝	12	天津、北京、西安、青岛、沈阳和郑州6个城市
乐华梅兰	2	北京

经营乏力，退出中国市场

"对于家得宝来说，中国市场机遇非常重要。中国的市场机遇对我们来说意义重大。"家得宝董事会主席兼执行总裁Frank Blake说，"我们的目标是在中国成为行业第一，就像在北美洲一样。家得宝在全世界有非常成功的扩张记录。通过并购和有机增长结合的方式，我们在1994年进入加拿大，在2001年进入墨西哥。现在我们在这两个市场都是处在第一的位置。我们对在中国的未来同样充满信心"。例如，家得宝在加拿大收购7

家门店进入市场以后，通过自建门店的形式达到了2006年155家连锁店的规模；2001年，家得宝通过收购当地一家拥有4个门店的小型零售商进入墨西哥，3年之后，其门店规模达44家，成为墨西哥最大的家装建材零售企业，2006年底已拥有63家连锁店。

由于原先家世界在模式上与家得宝的极度相似性，收购后的整合工作进展很顺利。在中国市场，家得宝强调在收购家世界业务之后，主要任务是立足于做好现有的12家门店，让家得宝品牌得到市场的认可，因此暂时没有进行市场扩张的意图。但是要想实现在中国的领导品牌地位，只有通过强有力的扩张行为。而且家得宝的市场扩张速度也是有目共睹的，在2001~2006财政年度，家得宝新开了909家店，每年约为180家。家得宝在中国的大举扩张似乎只是一个时间问题。

正式进入中国零售市场之后，家得宝还没有在中国南部的发达地区开设门店。相对于百安居在沿海地区以及内陆一线城市的市场布局，家得宝还有很大的差距。针对公司当时的门店格局，家得宝亚洲及加拿大区总裁温施芮女士表示，根据家得宝中国区的发展规划，家得宝将于10年内成为中国建材零售市场排名首位的企业，为此公司将通过收购、租赁或者自建门店等各种方式实现快速扩张。针对原家世界的门店主要集中于北方二线城市的布局，家得宝进一步计划跨过长江，在华东、华南等区域积极筹备开店，以完成在中国发达地区的网点布局。

同时，温施芮承认说，"至少要有100家店，才能取得一定的规模效应"。至于通过什么样的方式来实现扩张，温施芮强调说，"家得宝在加拿大与墨西哥除了收购门店外，大部分均为自建门店。在中国由于市场的特殊性，会考虑所有的发展途径，以满足中国市场的特色"。2007年家得宝以103亿美元的价格将旗下的批发业务（HD Supply）出售，目的在于专注于零售业务，这也将为家得宝的中国扩张提供强大的资金支持。可以看出，家得宝打算通过收购或者自建门店的方式在中国市场扩张。

就在家得宝准备雄心勃勃地深度开拓市场之际，整个外部经济环境的恶化与商业模式的本土化创新压力给其带来了不可逆转的商业厄运。从2008年下半年开始，发源于美国的金融危机逐渐蔓延到全球，几乎所有行业都受到了前所未有的影响，家居建材业也不例外。另外，家得宝在DIY商业模式适应性、高额的物业租金与行政费用、中国家居固有建材分销模式、顾客购买与装修习惯等诸多因素的压力下，在收购"家世界"12家门店之后一直没有新开门店，而现有门店又走进了"入不敷出"的怪圈。进入2009年，家得宝便开始关闭部分中国市场门店，直到2012年9月，家得宝宣布关闭中国市场所有门店，全线退出中国市场。之所以在中国市场败走麦城，家得宝公司认为主要是由于遭遇到了商业模式的水土不服。此外，业内人士认为除了照搬美国模式中国顾客不"埋单"之外，全球采购优势无法突出、家居建材市场低迷、本土化探索不成功等都是导致其中国业务无法突进以至于导致战略收缩的结果。表4-3向我们展示了家得宝进入中国市场之后的一系列主要商业动向。而实际上，我们可以看出家得宝在中国市场的本地化服务战略与营销策略的制定方面，深度还有待挖掘。

表4-3 家得宝中国市场大事记

时间	事件
2002年	家得宝在上海和深圳成立了家得宝采购服务咨询有限公司，负责中国区采购工作
2004年	家得宝企业管理咨询（上海）有限公司成立
2006年	家得宝收购天津"家世界"12家门店，曲线进入中国市场
2007年	家得宝在北京、天津、西安、郑州、沈阳、青岛等城市的门店陆续开业
2009年	家得宝先后宣布关闭青岛店和沈阳店
2010年	家得宝北京分钟寺店、天津东丽店停业关门
2011年	家得宝北京西四环店关门
2012年	家得宝关闭在华剩余7家门店，全线退出中国市场

目前，家得宝公司还继续经营在天津开设的两家专业零售店，分别为涂料地板专业零售店和典藏家家居专卖店，并将考虑与多家中国领先的电

| 家得宝：勾勒东方的家居版图 |

子商务网站合作。当初家得宝的到来普遍被人们认为是中国家居建材零售业市场格局发生进一步变化的重要推动力量。作为中国市场的后来者，家得宝在结合中国当地市场情况、商业模式创新、整合供应商资源，尊重顾客购买习惯等方面遭遇了严重的水土不服。经过初步尝试的阵痛之后，家得宝能否在最终勾勒出其在东方的家居版图？"问渠那得清如许，为有源头活水来。"创新与调整可能是家得宝在未来征战中国建材家居市场的必由之路。

> 卡特彼勒（Caterpillar），全球范围内的机械装备制造先锋，凭借独特的经营视角构建起了一条成熟的全球产业链条。它是全球经济发展的见证者与建设者，也是自由贸易的受惠者。在金融危机的阴影下，这只昔日掘金世界的"机械之手"又将面临怎样的战略挑战？

卡特彼勒：掘金世界的"机械之手"

2009年12月2日，卡特彼勒全球第二大研发中心在中国无锡落成，此举标志着卡特彼勒将全球模式复制到中国市场的布局基本完成。卡特彼勒认为，中国研发中心的工作对卡特彼勒中国的营销收入很有帮助，因其可以使产品尽快本地化，还可以降低设计成本与生产成本。而其位于江苏南通的"亚太试验场"，还能够为研发中心提供良好的平台，使得研发出来的产品能够便捷地开始应用测试。那么，在全球经济形势尚不明朗的背景下，卡特比勒逆势加码中国市场究竟有着什么样的战略考虑？又将面临怎样的战略转型？就让我们沿着其从设立至今的发展和扩张路线，来看看卡特彼勒是如何引领和推动全球机械装备制造行业的，又是如何成就其不可撼动的竞争地位的。

专业制造，引领机械装备先锋

卡特彼勒的前身是霍尔特机械制造公司（Holt Manufacturing Co.）和贝斯特拖拉机公司（Best Tractor Co.），两个公司均在19世纪末开始生产"蒸汽牵引机"，用于牵引大型联合收割机。随着蒸汽牵引机被逐渐应用到除农作物耕作之外（如木材、矿石和其他货物）的运载领域，两家公司的业务也得到了极大拓展。之后，随着技术的进步，汽油和柴油逐渐替代蒸汽成为卡特彼勒拖拉机的动力能源。1904年，霍尔特公司在第一台履带式拖拉机试制成功之后，便开始将"Caterpillar"的名称应用到其多种产品上。第一次世界大战期间，作为一种有效的物资运输设备，1万台霍尔特"Caterpillar"履带式拖拉机被用于军用物资的运输。

1925年，两家公司合并为卡特彼勒拖拉机公司（Caterpillar Tractor Co.），并于1929年在纽约股票交易所上市。1949年，"卡特彼勒"被首次作为商标使用，并于1952年获得注册，从此便成为卡特彼勒机器商业外观的组成部分之一。其总部设在美国伊利诺斯州皮奥里亚市（Peoria, Illinois）。第二次世界大战期间，为了满足盟军在道路修筑与修复、机场建设等方面的战备需求，1944年卡特彼勒开始生产一系列的运土设备：铲运机、运货车、推土铲、松土机以及这些机具的控制装备。之后，为了进一步满足用户在筑路业、采矿业和建筑业的多元化需求，除了拖拉机和推土机业务之外，卡特彼勒公司逐渐进入了发动机、物料搬运设备和筑路机械等多种业务领域，其中的代表性产品主要包括装载机（1959年）、越野卡车（1962年）。为了更准确地反映公司多样化的产品业务，1986年，"卡特彼勒拖拉机公司"正式更为现名"卡特彼勒公司"。

如今，卡特彼勒公司已经发展成为一家业务涉及建筑机械、矿用设备、柴油和天然气发动机以及工业用燃气轮机领域的全球领先企业,同时也是一家集融资服务、再制造服务①和物流服务为一体的综合服务供应商。卡特彼勒将全球市场划分为北美、EAME(欧洲、非洲、中东及独联体国家)、拉丁美洲和亚太地区四大区域,其中北美地区与欧洲地区属于成熟市场,拉美地区与亚太地区属于新兴市场。2008年,卡特彼勒实现全球销售收入513.24亿美元,其中约30%的营业收入来自美国本土市场,约65%的营业收入来自非北美地区。根据卡特彼勒公司公布的数据显示,尽管美国和欧洲大部分地区经济趋势仍不确定,中国经济增长速度也在放缓,卡特彼勒公司2012年度营业收入总额达658.75亿美元,同比增长10%,利润达56.81亿美元,同比增长15%,均创历史新高。截至2012年底,卡特彼勒在全球拥有雇员12.5万人。自成立以来,卡特彼勒凭借其在机械制造方面的专长与专注,已成为世界范围内机械装备制造的先锋和工业行业中的标杆。

合纵连横,构建全球产业链条

现今,整个世界经济以前所未有的速度实现着一体化进程,任何企业都无法忽视全球化给自己带来的机遇与挑战。而全球化的业务分工,要求企业用更加广阔的视野来看待自身的生存与发展。要成为一家全球性的公司,企业需要对包括采购、技术、生产、销售和服务等环节在内的整个价值链条在全球范围内进行重新审视与布局。无论是消费品企业还是工业品制造企业,都概莫能外。卡特彼勒正是这一全球理念的践行者与受益者,

---

① 再制造(Remanufacture),就是让旧的机器设备重新焕发生命活力的过程。它以旧的机器设备为毛坯(Core),采用专门的工艺和技术,在原有制造的基础上进行一次新的制造,而且重新制造出来的产品无论是性能还是质量都不亚于原先的新品。

只不过手段更加灵活而已。

通过资本并购来实现业务向新领域的扩张，是卡特彼勒屡试不爽的竞争手段。也是凭借并购途径，让卡特彼勒逐渐完善了自身在机械装备制造领域的产品线业务组合，同时巩固了公司在相应重要市场的竞争地位。早在 1928 年，卡特彼勒公司凭借其首次并购行为——收购明尼苏达州拉塞尔平地机制造公司，进入筑养路机械这一新产品领域；在 1997 年和 1998 年，公司先后收购英国 Perkins 发动机公司与德国 MaK Motoren 公司，为卡特彼勒成为世界领先的柴油发动机制造商奠定了坚实的基础；1999 年，卡特彼勒从艾默生电气手中收购了威尔信公司，将全新的发电机组制造纳入业务领域；2004 年，在接连完成对再制造业内三家公司的收购之后，卡特彼勒成为全球最大的工业再制造商之一；2008 年，卡特彼勒在中国购买徐工在合资企业中的全部剩余股份，并全资收购山东山工集团，这些举动进一步巩固了其在中国工程机械市场的领先地位。

对于国际业务的深度染指，卡特彼勒还得益于第二次世界大战之后其所拥有的"天时、地利、人和"。"二战"之后，美国开始进行大量的洲际公路等土方工程建设，与此同时，许多欧洲与亚洲面临国家重建的任务，加上美国政府适时推行的"马歇尔计划"，这都为卡特彼勒公司的产能扩大与出口销售提供了良机。在此过程中，卡特彼勒也在传统的出口销售模式与海外直接投资建厂模式之间做出了权衡，而后者逐渐成为公司拓展海外市场的主流模式。根据当地政府对于外国资本的合作态度，卡特彼勒采用了灵活多变的经营策略来应对。1950 年 8 月，卡特彼勒决定在英国成立其第一家海外分公司，从而迈出了跨国经营的第一步。1954~1956 年短短三年间，卡特彼勒陆续在巴西、澳大利亚和加拿大设立海外公司，在当地开展了设备零部件的生产与销售业务。19 世纪 60 年代，卡特彼勒分别进入日本和印度市场，只不过限于当地政府对国外资本的限制，采用了与当地企业合资的方式（在日本，卡特彼勒与三菱重工合资；在印度，卡特彼勒与其代理商在印度设立合营企业）来进入市场。

之后，公司陆续通过类似的方式大规模进入法国、墨西哥、智利、比利时、德国、意大利和中国等市场。仅在 1995~1999 年，卡特彼勒就在世界范围内开设了 88 家工厂、组建了 17 家合资企业、收购了 20 家公司，推出了 244 种全新或者改良产品。大量的并购、合资与独资行为，不仅为卡特彼勒原有产品的生产与销售带来了数量上的扩张，也让它不断进入了新的机械装备细分市场并成为该领域的主导型企业。最终，卡特彼勒逐渐形成了涉及建筑机械、矿用设备、发动机和燃气轮机等领域的庞大产品组合群。

在此期间，卡特彼勒不仅将生产基地扩展到全球各地，同时还将技术中心、供应商和分销商体系、融资租赁和再制造等网络铺设到了能够为公司带来销售收入与利润的每个战略市场，如卡特彼勒在美国、英国和中国建设有全球三大再制造中心；全球 1600 多个网点的租赁店系统向整个建筑行业提供短期和长期的租赁服务；卡特彼勒旗下的物流服务公司通过全球 25 个国家或地区的 105 家办事处和工厂为包括汽车、工业、耐用消费品、技术、电子产品、制造业物流及其他细分市场内超过 65 家的领先企业提供世界级的供应链整合解决方案和服务；其融资服务公司则通过设立于美洲、亚洲、大洋洲和欧洲的 80 个国家或地区的 40 多家办事处和子公司向客户提供卡特彼勒及相关设备的多种融资选择方案。至此，卡特彼勒在全球范围内构建起了一个涵盖产品、技术与服务的完整产业生态链条。

为了使全球产业链条之间能够产生有效的补充和互动，卡特彼勒在合资、合作和并购的过程中，一直强调所有行为必须围绕"产品链条、品牌和市场"，达到符合本企业长期发展的战略目标。也只有这样，公司才能够在全球范围内合理配置资源进而优化产业链条。目前，卡特彼勒在全球拥有 107 家生产型企业，181 家代理商公司，8500 家供应商公司以及 1600 余家租赁店。通过这一庞大的生产、分销与服务系统，卡特彼勒为世界各地的客户提供了涵盖基础设施建设、农业、矿业和林木业等综合领域的机械装备服务。

步步为营，谋划中国市场版图

作为当今世界经济发展的重要引擎之一，中国是任何一个跨国公司在谋求业务增长与扩张方面不可回避的全球命题。跨国企业往往会凭借其先进的技术、雄厚的资本、超越产业的战略思考、健全的人才培养制度与激励制度，以及灵活而务实的操作手段来敲开中国市场的大门。作为世界上最大的工程机械设备制造商，卡特彼勒又是通过什么样的方式来谋划它的中国市场版图呢？

技术为媒，强力启动市场引擎

卡特彼勒在中国市场大体可以分为四个阶段：①20 世纪70 年代，开始向中国市场出口设备；②20 世纪80 年代，通过技术转让与中国企业合作；③20 世纪90 年代，通过合资方式在中国建立生产设施；④2000 年之后，将完整经营模式复制到中国市场。中美邦交正常化"用市场换技术"是中国在改革开放过程中引进外资的主要思路之一，而这也成为包括卡特彼勒在内的诸多跨国企业进入中国市场的"敲门砖"。1975 年，卡特彼勒在中国售出第一批机械设备（原石油部向其订购石油钻井设备 38 台吊管机），公司产品首次亮相中国。1982 年，卡特彼勒中国有限公司成立，总部设在香港，并通过设立在北京的联络处开展大陆销售工作。从 20 世纪 80 年代中期，卡特彼勒与中国部分制造商签订技术转让协议，中国工厂开始生产卡特彼勒许可产品，这其中以装载机、推土机技术转让为主，国内目前的龙头企业广西柳工、厦门厦工、河北宣工、上海彭浦等从中受益。

此阶段，卡特彼勒除机械设备直接出口之外，还向中国市场输出产品设计和制造技术。

卡特彼勒的投资活动包括并购、合资、独资、技术合作等，这些是卡特彼勒发展中国业务、扩大中国市场、稳固行业领军地位的重要手段之一。从 20 世纪 90 年代中期开始，在国有企业改制与各地政府招商引资大背景的推动下，卡特彼勒开始着手推行其在中国市场的战略布局。上柴股份（1994 年）、徐工集团（1995 年）和山工机械（2005 年）等中国主流工程机械制造商陆续成为卡特彼勒合资或者参股的合作伙伴。为了配合和支持公司业务在中国市场的拓展，1996 年，卡特彼勒（中国）投资有限公司在北京成立。从此，卡特彼勒加强了本地化战略的制定，其在中国市场的发展进入了快车道。之后，公司将机械制造领域的主要业务分步骤地移植到中国市场，其中有在天津的履带装置生产基地和零部件集散基地、无锡和上海的发动机业务基地、广州的发电机组生产基地和苏州的装载机生产基地等。

其间，卡特彼勒还不乏采取一些具有震动效应的并购举措。例如，1997 年卡特彼勒通过追加投资，以近 85%的股份控制了与徐工的合资公司。到 2008 年，进一步收购徐工在合资企业的剩余股份，卡特彼勒徐州有限公司成为外商独资企业。而在此期间，通过合资条款中"徐工不能从事挖掘机生产"的约定和掌握关键零部件核心技术方面的优势地位，卡特彼勒逐渐占据了中国的高端挖掘机市场。同样在 2008 年，山工成为了卡特彼勒在中国第一家"整体收购"的企业。整体收购山工是卡特彼勒重新布局中国市场的新起点。借此，卡特彼勒加大了在中国轮式装载机市场的投资，进一步巩固其在该业务领域的领先地位。2009 年 12 月卡特彼勒公司通过卡特彼勒（中国）投资有限公司与中国广西玉柴机器股份有限公司成立合资公司——玉柴再制造工业（苏州）有限公司，全力支持再制造产业在中国的发展，该公司已于 2012 年开业。目前，卡特彼勒旗下几乎所有的产品系列都已被引入中国，中国也成为了其在全球重要的生产制造基地之一。

稳步推进，全面产业链条成形

卡特彼勒不仅是一家机械设备制造商，它还为第三方提供零部件供应，而且为客户提供其他的增值服务，为公司利润做出重大的贡献。从 2004 年以来，卡特彼勒还通过商业模式的创新来解决低碳环境下的新问题，主要包括重点发展金融服务、再制造与物流，参与低碳认证体系等，最终创造出了在低碳约束情境下的新利润来源、新成本结构和利润保护机制的制造企业新型商业模式。以 2007 年为例，当年卡特彼勒制造业产品收入达 290 亿美元，占公司总收入（450 亿美元）的 64%，而融资服务公司、再制造服务公司、物流服务公司和零部件公司为客户提供的相关配套服务为公司带来了 160 亿美元的营业收入，占总收入的 36%。机械设备制造以及相应的配套增值服务共同构成了卡特彼勒的全球产业模式。

从 2004 年开始，卡特彼勒将"全球产业模式"逐步复制到中国市场。在零部件直接出口和中国多个生产基地的建成投产之后，卡特彼勒又将设计培训（2003 年）、融资租赁（2004年）、技术研发（2005 年）、物流服务（2006 年）和再制造（2008 年）等机械制造增值服务引入中国市场。其中的部分业务还获得了初步发展，如成立于 2004 年的卡特彼勒融资（中国）有限公司已与国内 2 万多名客户签订了融资租赁合同。虽然有的业务现在还不能为公司带来可观的经济效益，但是卡特彼勒仍然认为全球化浪潮必将带领中国市场进入一个集生产、技术、销售与服务为一体的综合经济体，其投资也一定会换来长期的市场回报。

2005 年，卡特彼勒在中国实现了 10 亿美元的销售收入，约占中国工程机械行业 6.4%的市场份额，占全球业务的 2.8%。鉴于中国基础设施建设的高增长速度和公司战略布局的基本完成，2006 年 11 月，卡特彼勒亚太运营总部（涵盖中国、印度、印度尼西亚及日本等市场）从东京迁到北京。而中国市场也没有让卡特彼勒失望，2008年，卡特彼勒在中国实现了约25亿美元的销售收入，占到其全球总营业收入5%~7%的份额。目前，截至2012年底，除了24家制造工厂，卡特彼勒在中国还有3个在建新工厂、4个研发中心、3个物流和零部件中心、1个培训中心、1家融资租赁公司和5家代理商组成的分销服务网络，在华员工超过1.5万人。此外，还有80余家中国优秀的配套企业进入了卡特彼勒全球产品供应链，一个完整的卡特彼勒产业链条在中国市场已经初具规模。

在谈到创新的时候，卡特彼勒亚太区战略支持总监丹尼·戴维斯这样评论道："创新往往来自把很多现有的资源放在一起，形成一个解决方案。创新并不一定是发明新东西，把已经存在的看似不相关的东西来重新组合，改变他们的运作方式，就能产生全新的创新。"卡特彼勒正是通过在现有全球产业链条与中国市场具体现实之间作出平衡，从而通过兼容并蓄的方式逐渐勾勒出一个成熟的中国市场版图。

悉心调整，从容布局应对挑战

企业战略的制定与执行是一个动态的管理过程。瞬息万变的市场环境要求企业不断对原有战略做出调整，从而让企业的发展始终处在一条"可控制、能执行和具有前瞻性"的轨道上。就在卡特彼勒雄心勃勃地准备掘金世界机械制造装备市场的时候，一场突如其来的全球金融风暴打乱了它的战略步调，卡特彼勒面临着"向左走，向右走"的抉择难题。

经济萧条，着手战略调整

2008年9月，源于美国的金融危机开始向全球市场蔓延，之后对各国实体经济也造成了惨烈的冲击，最终演变为一场世界范围内的经济衰退。在工业化国家出现经济萧条的背景下，市场对于包括推土机、货运船舶发动机以及矿物开采设备等一系列产品的需求日渐疲软，卡特彼勒推土机、压路机等重型机械出口锐减。从2008年11月开始，卡特比勒的销售额出现了大幅度的下滑，公司经历了自20世纪30年代以来销售收入的低点。

为了应对2008年金融危机，卡特彼勒进行了一系列的行动来缩减开支、降低成本和控制风险。例如，在全球裁员将近2.5万人；降低管理费用；将产品库存有效转化为现金，削减库存20亿美元；重新调整供应链条，优化零部件供应路径，退出或者撤销部分投资项目；等等。以上措施虽然在一定程度上缓解了卡特彼勒的经营压力，但并没有从根本上扭转市场颓势。根据卡特彼勒季报显示，2009年第一季度公司因销售量急剧下滑而遭遇17年来首次季度亏损，第三季度销售额较2008年同期下降53.96%，第四季度利润同比下滑32%。

由于亚洲等新兴市场的重要性与日俱增（2003年，亚太地区的销量占卡特彼勒全球销量的13%，这份额到2012年提升至26%，而中国市场在这一提升中贡献了很大力量），再加上其他地区的销售因全球经济滑坡而下降，卡特彼勒对其全球市场战略进行了调整。公司认为：将会继续寻找在亚洲尤其是中国的增长机会，同时也会在俄罗斯、中东、南美、南非和东欧等其他新兴市场寻找机会，因为这些地区的经济恢复预计将快于世界其他地区。而且，新兴市场的发展还会导致石油、天然气和矿石等原材料价格的上涨，而这些原材料多出产于新兴市场，原材料制造商对自身产能扩张所进行的追加投资进一步刺激了市场对卡特彼勒产品的需求。

此外，卡特彼勒还认为：全球经济最终将走向复苏，各国政府积极的经济刺激计划也会加快经济复苏的进程。而经济复苏会最先反映在采矿和建筑等行业，类似行业正是卡特彼勒机械设备的核心市场，公司应为此做好充分而积极的准备。2009年12月，卡特彼勒收购韩国JCS公司，使其拥有了在韩国的首座工厂。该次收购行为将完善卡特彼勒目前在亚太地区中国、印度、马来西亚和澳大利亚拥有的工厂体系。

危机面前，加码中国市场

根据卡特彼勒2009年第一季度数据显示，北美、拉美和欧盟地区的销售额同期分别下滑了24%、18%和31%，而亚太地区却上升了2%，其销售额占有率从2008年第一季度的15.6%上升到了20.4%。这更让卡特彼勒加强了着力壮大亚太市场的信心，而中国市场是重中之重。2009年，卡特彼勒非但没有停止在中国市场的开拓步伐，反而展开了一系列的战略部署和市场规划。

在再制造业务领域，虽然卡特彼勒目前还没有在中国市场取得重大突破，但是基于对此业务前景的良好信心，公司一如既往地加大了在中国的市场投入。据估计，中国再制造市场每年的规模可达100亿美元，卡特彼勒还发现在挖掘机和发动机领域已经出现了一些对再制造有利的消费倾向。2009年上半年，卡特彼勒与两家代理商合作，分别在顺德、成都建立了面向消费终端的再制造回收点。2009年12月，卡特彼勒（中国）投资有限公司与广西玉柴机器股份有限公司签署协议，合资成立玉柴再制造工业（苏州）有限公司。该公司为玉柴柴油发动机和零部件以及部分卡特彼勒柴油发动机和零部件提供再制造服务。据统计，在全球再制造市场的整体份额中，汽车再制造的销售额占据了70%左右。在不确定的国内外经济环境下，卡特彼勒对中国市场的制造业务加大投入与开发，充分体现了其对市场的长期认可态度和长期投资回报理念。

此外，在进入新产品领域和技术支持等方面，卡特彼勒也表现出了强大的决心与行动力。2009年10月，卡特彼勒旗下子公司NC2 Global LLC与江淮汽车成立总投资额20亿元的合资企业，宣布进入中型卡车、重型卡车生产领域。2009年12月，卡特比勒全球第二大研发中心在无锡落成并投入运营，该中心总投资额达到 4000 万美元，将成为中国市场的研发总部，为中国乃至全球市场提供技术与培训支持。

对此，卡特彼勒全球副总裁、中国投资公司董事长朱季明这样认为：未来的 20~30 年，中国工业化和城市化进程不会减慢；未来 5~10 年，在中国包括道路、铁路、港口、机场、住宅建设、电力设施和公路在内的基础设施建设势头将非常强劲，并且矿山、能源的需求也会非常强劲。而卡特彼勒更加看重中国的"十二五"规划为其带来的巨大商业机会，它认为城镇化带来的基础设施建设与能源开发所带来的采矿业发展是工程机械行业的两大驱动因素。

据中国工程机械工业协会分析，目前全球工程机械业具有较好复苏势头的国家和地区依次是：中国、印度、南美和中东，而日本和西欧的市场需求量只有原来的一半。鉴于此，包括小松、日立、利勃海尔、沃尔沃和卡拉诺等在内的国际知名公司均在上海、大连、青岛或者天津等地设立独资企业。而中联重科、三一重工[1]和徐工集团等国内传统机械设备制造企业也在收购国外企业、设立海外生产基地等方面可圈可点。可以想见，卡特彼勒在中国将面临更为激烈的市场竞争。

从全球产业链条的悉心构建到业务模式在中国市场的逐步复制，卡特彼勒向我们展示了一个跨国企业在全球市场的典型扩张案例。虽然它的未来之路还充满变数，但是卡特彼勒的每一次战略布局和转型，始终透露出一个颠扑不破的商业竞争原则——市场竞争中唯一不变的就是变化。企业只有通过对自身资源的有效评估和市场前景的切实预测，不断调整竞争策略，并将其付诸实施，才能在当下和将来的市场竞争中获得和保持持久的竞争优势。在全球金融危机的困扰下，企业究竟是"向左走"还是"向右走"？"向前进！"应该是一种理想的答案。

---

[1] 三一重工始创于 1989 年，总部位于湖南省长沙市，是卡特彼勒在中国的主要竞争对手之一，其在中国挖掘机市场上的份额于 2011 年首次超越卡特彼勒。

2012年，我国原瓶装葡萄酒进口总量26.65万千升，同比增长10.4%；进口总额13.8亿美元，同比增长8.1%，其中法国是最大的出口国。作为欧洲最大的葡萄酒企业，法国卡斯特集团（CASTEL）自1999年进入中国市场以来，凭借卓越的葡萄酒国家品牌效应与纵横捭阖的运营手段，成为中国进口葡萄酒运营商领域的佼佼者之一。目前，法国已经在中国市场上运营超过40个产品品牌。从2011年开始，中国即成为CASTEL葡萄酒业务的第一大海外市场。

卡斯特：欲解"中国结"

2013年3月22日，法国卡斯特兄弟股份有限公司（CASTEL FRERE SAS）在北京宣布，该公司在中国启用全新中文识别体系，首次启用中文商标"卡思黛乐"，中文公司名称也改为"法国卡思黛乐兄弟股份有限公司"。[1] 与此同时，该公司中国机构正式升格为亚太总部。在进入中国市场将近15年之后，法国卡斯特公司正式更名"卡思黛乐"。那么，法国卡斯特集团在中国市场经历了怎样的发展历程？又将面临哪些层面的竞争和挑战？

---

[1] 虽然目前"卡斯特"商标（第33类）的争议已经画上了句号，但是鉴于先前国内新闻媒体的大量宣传、报道和评论以及法国CASTEL自身一直沿用"法国卡斯特集团"、"法国卡斯特兄弟股份有限公司"的名称，本文中也将沿用这一说法，敬请读者注意并予以理解。

洋酒"凶猛",卡斯特"一骑绝尘"

法国卡斯特兄弟股份有限公司(以下简称法国卡斯特集团或者卡斯特集团)1949年由卡斯特家族的9名兄妹创立于法国波尔多,起初是一家葡萄贸易商。从20世纪五六十年代起建立了罐装工厂,七八十年代开始收购葡萄园。自1988年起,集团继续扩张,并购了尼古拉(Nicolars)公司;1992年初,卡斯特集团收购其在法国国内葡萄酒市场的主要竞争对手,即法国第二大葡萄酒贸易商——法国葡萄酒公司;1999年收购维基尼庄园公司(一家致力于在国际市场销售高档葡萄酒的公司)。现今,卡斯特集团是法国第一大、世界第五大葡萄酒供应商,共有3000多种规格的葡萄酒,其中半数为法定产区酒的高档酒。法国卡斯特集团年销售6.4亿瓶葡萄酒,其中内外销比例为79∶21。集团在法国拥有21座酒庄、1400公顷葡萄园,在摩洛哥拥有1600公顷葡萄园。经过60多年的发展,卡斯特集团的业务主要涉及葡萄酒、饮用水、啤酒和软饮料等三大种类,已成为国际饮料市场的主要成员。

不服中国水土,卡斯特"曲线救国"

中国葡萄酒行业从20世纪90年代初开始出现急速的市场扩张,从"白兰地热"、"干白热"到1996年开始的"干红热",一直持续到现在。法国卡斯特集团看到了中国葡萄酒市场的巨大消费潜力,迅速而果断地加入市场开拓的行业中来。1999年,法国卡斯特集团与瑞士籍华人陈光共同投资,在河北廊坊成立了红城堡酿酒有限公司[Red Castel(LangFang)Winery Co., Ltd.],其中卡斯特与陈光分别持股70%和30%,投资总额为1600万美元,年生产能力为1000万瓶。当时红城堡酿酒有限公司主要定位于生产高级宴酒、喜庆宴酒和日常餐酒三个不同等级的瓶装红葡萄酒。而在当时的市场格局之下，中国葡萄酒市场已经形成了张裕、长城和王朝三足鼎立的局面，我们俗称为"老三家"，也就是说，市场上已经出现了较高的品牌壁垒。起初，卡斯特主要采取与餐饮、零售终端合作的方式来开展业务。例如，它与北京天客隆、南京华城等超市和北京烧鹅仔、唐人街、金三元等80多家大型连锁餐饮企业都建立了长期的合作关系，但市场表现平平。这使得卡斯特意识到如果继续用自己的品牌生产，将难以扭转亏损态势，于是便开始采用"定牌"生产的市场策略（例如，红城堡酿酒公司为国内超市巨头华普产业集团生产"华普"系列干红，它还和华联合作在超市推出"华联"系列干红），在与张裕合作之前，红城堡酿酒公司的"定牌"销量已经占到整个销量的60%左右。而且，卡斯特在进入中国市场之后，遇到了诸如"葡萄酒消费文化不成熟"、"市场分销渠道差异"和"经营思路不吻合"等典型的"水土不服"难题，市场业绩与自己的预期出现了极大的反差，这是其始料未及的，卡斯特亟须转变自己在中国市场的经营方式。

而在此时，中国葡萄酒市场的龙头企业张裕公司正面临品牌高端化的战略难题。当时，与其他两个领军品牌长城和王朝相比，张裕干型葡萄酒在市场上的表现不尽如人意。在面对市场急速扩张（主要是干红葡萄酒产品）的情况之下，张裕亟须提升品牌在高端市场上的影响力来迎合市场的需求，进行品牌和产品战略转型。但是，张裕要发力高端市场，就需要为自己找到一个良好的支撑点，而借助于国外品牌来提升自己的品牌高端影响力也成为了张裕的一个选择。2001年7月，张裕公司率领代表团到法国考察时，张裕董事长孙利强与法国卡斯特集团高层进行了第一次会面。张裕和卡斯特各取所需，就这样，双方很快决定合作来开拓中国葡萄酒市场。与张裕合作"曲线救国"，也正好切合卡斯特的战略需求，卡斯特也坚信自己找到了一个近乎"完美"的合作伙伴。

经营管理出现分歧，卡斯特"单飞"

经过几轮谈判，2001年8月8日，烟台张裕集团与法国卡斯特集团在北京嘉里中心签订战略合作协议，双方合资成立两个葡萄酒生产企业——烟台张裕·卡斯特酒庄有限公司和廊坊卡斯特·张裕酒业有限公司。另外，双方将在技术、管理、品牌共享、市场开发、优良葡萄品种引进等方面进行全方位的战略合作。两个合资企业的出资方式如下：烟台张裕·卡斯特酒庄有限公司注册资本为500万美元，合资年限为30年，专门生产高端葡萄酒，生产能力为1000吨，公司于2001年9月下旬投入试生产。其中卡斯特全资子公司VASF公司以现汇150万美元出资，占合资公司30%的股份，张裕以已投入酒庄的建设资金350万美元作为出资，占合资公司70%的股份。廊坊卡斯特·张裕酒业有限公司，注册资本为300万美元。其中，张裕将以现金147万美元作为出资，受让VASF公司于1999年在河北省廊坊市独资设立的红城堡酿酒有限公司部分资产，占合资公司49%的股份；VASF公司以所余资产作为出资，占合资公司51%的股份，合资年限为28年，公司于2001年10月中旬投入生产。

双方合作之后，两个合资企业由张裕以承包的形式来全权经营，卡斯特主要在原酒进口及技术方面提供支持。合资后廊坊公司主要灌装张裕的中低档产品，亏损局面很快被遏制并扭转，2002年即实现盈利66万元，此后利润一直增长至2005年的894万元。从此，凭借张裕的传统品牌优势与健全的营销网络，卡斯特的市场认可度在短短几年内获得了急速的提升。

按照先前的合作预期，卡斯特利用张裕的国内营销通道，而张裕同样可以利用卡斯特在欧洲市场上的网络资源。2002年9月，张裕·卡斯特酒庄顺利投产，并且利用张裕遍布全国的强大分销网络迅速到达市场消费终端，此外还对该酒庄进行了大规模的品牌宣传，之后张裕·卡斯特高端酒在市场上迅速取得了成功。张裕董事长孙利强曾说："市场进入有一个对等原则，张裕·卡斯特酒庄，也是张裕进军国际市场的一块敲门砖。"而在张裕看来，卡斯特集团完善的渠道更让人羡慕。卡斯特集团在法国、比利时和德国等市场拥有较为成熟的专卖店运营系统，遍布欧洲的众多门店为当地消费者提供来自世界各地的优质葡萄酒产品。但是，张裕产品在利用卡斯特在法国的分销渠道上却遇到了不小的障碍，张裕产品并没有像原先设想的那样顺利进入国际市场，而卡斯特的原装进口酒也未能借助张裕的分销渠道进入中国市场。

2003年上半年，烟台市政府确定了张裕"向内部职工转让45%，向外商转让不超过43%（限两家持有，其中任意一家持有的股份不超过出资总额的33%），政府仍持有剩余12%"的改制思路。对于张裕国有股转让，卡斯特理所当然被列为极具竞争力的候选伙伴，但是法国卡斯特集团在股权转让谈判中，抛出了它的底线——控股张裕。而张裕在国有股权转让过程中所坚持的一个原则就是保持对张裕品牌的控制权。显然，面对这一分歧，张裕和卡斯特在进一步合作上不能够达成一致，导致张裕转而寻求新的合作伙伴。2005年10月，张裕集团的控股股东烟台市国资委，将其所持张裕集团55%国有股权中的33%转让给意大利意利瓦隆诺投资公司，10%转让给国际金融公司，最终保留余下12%的国有股权。张裕改制过程中法国卡斯特集团意外出局，"无心插柳"加速了卡斯特独立进行中国葡萄酒市场开发的进程。

中国葡萄酒高端市场的逐渐开发与成熟以及张裕·卡斯特本身的高端品牌市场形象，都为卡斯特在与张裕"分道扬镳"之后，"甩手单干"提供了良好的市场环境和品牌积累。2006年4月，法国卡斯特集团摆脱张裕的分销网络，通过与中国代理商合作引入原装进口酒。继2007年完成出口销售260万瓶的惊人业绩后，卡斯特集团旗下的原装进口葡萄酒更是从2008年的540万瓶增长到2009年的1400万瓶。2010年，这一数字进一步跃升至2000万瓶，数年来一直稳居中国进口葡萄酒销量榜首。从2011年起，中国已取代英国成为卡斯特全球出口量最大的国家，成为卡斯特全球第一出口市场。2011年和2012年，卡斯特在中国的出口量已占全球出口量的近1/3，将近9000万瓶。到目前为止，法国卡斯特集团已在中国发展了10家特约经销商合作伙伴，1500多个分销商，销售渠道遍布全国各地。可以说，在进口葡萄酒品牌纷繁复杂的中国市场，卡斯特已经取得了良好的品牌效应与销售业绩。

商标争议，卡斯特"腹背受敌"

2010年9月至2011年1月，CASTEL品牌传播广告片在CCTV-2的《对话》、《今日观察》栏目，CCTV-新闻频道的《新闻调查》、《面对面》、《新闻1+1》栏目，CCTV-10的《探索发现》栏目中播放，共计播放广告1119次。这是继2009年11月至2010年2月，法国卡斯特兄弟股份有限公司（CASTEL FRERE SAS）首次在央视开展大手笔品牌宣传之后的又一次大规模品牌传播活动。此外，法国卡斯特集团还在国航、南航和东航等航班杂志和《新食品》、《糖烟酒周刊》等行业专业杂志上投放了大量的品牌广告。

依托原先张裕·卡斯特的巨大品牌效应与独立的广告宣传，"卡斯特"这三个字在中国酒水市场的知名度节节攀升。但是，"卡斯特"商标在中国的注册与使用却是法国卡斯特集团无法跨越的一个迷障。早在1998年9月，温州五金交电化工（集团）公司酒类分公司向"国家工商行政总局商标局"提交了"卡斯特"商标的申请（注册类别为33类，具体为果酒、葡萄酒和酒精饮料，啤酒除外）。2000年3月，"卡斯特"商标获得注册证书（第1372099号注册商标）。2002年，中国上海卡斯特酒业有限公司董事长李道之通过转让从"温州五金交电化工（集团）酒类分公司"得到"卡斯特"商标。2003年，李道之开始针对"卡斯特"品牌维权。

CASTEL ≠ 卡斯特

其实早在 2005 年，法国卡斯特集团发现自己不能享有"卡斯特"中文商标权，但是主要由于转让价格的问题无法与李道之达成协议，后一直未果。2005 年 7 月，法国卡斯特集团以该商标连续三年未使用为由，向国家商标局申请撤销"卡斯特"商标，由于没有及时提交商标使用证明材料，"卡斯特"商标被撤销。之后，李道之的复审请求获得了国家商标评审委员会（以下简称国家商评委）的支持。2008 年，法国卡斯特集团针对国家商评委的裁定向法院申请行政诉讼，后经北京市高级人民法院终审，法国卡斯特集团告败。之后，法方又以恶意抢注为由，要求国家商评委撤销该商标，但 2010 年 5 月又被国家商评委驳回。不服裁定的法国卡斯特集团继续上告，2010 年 10 月，法国卡斯特向北京市高级人民法院申请再审。2011 年 12 月 17 日，最高人民法院做出行政裁定书，驳回了法国卡斯特的再审申请。

就在法国卡斯特集团为中文商标一筹莫展的同时，"卡斯特"中文商标的持有者却在进行按部就班的品牌规划与市场开拓工作。2008 年 11 月，"卡斯特"中文商标的合法持有人李道之在上海注册成立"上海卡斯特酒业有限公司"，开始销售"卡斯特"品牌的干红葡萄酒。2009 年，上海卡斯特酒业进一步和法国 GCF 酿酒集团结成了战略伙伴，销售从法国原装进口的"卡斯特"品牌葡萄酒。2010 年，李道之更以商标侵权为由向法国卡斯特集团发起了索赔额高达 1.8 亿元的诉讼。

2010 年 9 月，法国卡斯特兄弟股份有限公司（CASTEL FRERE SAS）在中国区的官方网站（www.castelchina.com）正式上线，网站的开通标志着法国 CASTEL 这一欧洲最大的葡萄酒集团在中国的业务进一步得到巩固和深化。网站上，除企业名称之外，公司避免使用"卡斯特"中文字符，取而代之的是英文品牌标识——"CASTEL"。可见，CASTEL品牌之路才刚刚启程。

2012年4月，浙江省温州市中级法院做出一审判决，判令法国卡斯特兄弟股份有限公司及其中国经销商立即停止使用"卡斯特"商标，并判定其赔偿3373万元。也是在2012年4月，李道之持有的"卡斯特"商标被国家工商总局商标局认定为"中国驰名商标"。这彻底斩断了法国卡斯特集团继续使用"卡斯特"商标的后路，本文一开始所提及的"更名行动"，正是公司对这一"噩耗"的最新回应。从这个角度来看，法国卡斯特集团的中国市场开拓之路才刚刚开始。

作为中国市场上最大的进口葡萄酒企业集团，法国卡斯特集团进入中国10余年来纵横捭阖的竞争脚步凸显了"审时度势、改变策略、提升优势"的运营能力，也在中国市场上取得了较好的市场业绩。但是，就像我们文中提到的那样，卡斯特集团要进一步扩张业务、提升品牌，还有很多更为细致、更为艰辛的战略营销任务需要完成。

2008年9月,"三鹿三聚氰胺事件"震动全国,进而引发了市场对整个奶制品行业的质量信任危机,也进一步加剧了婴幼儿奶粉市场的洗牌。目前,事件的始作俑者三鹿集团已经宣布倒闭,市场信心也在逐步回归。在这一事件中,以美赞臣(Mead Johnson)为首的其他跨国和国内奶制品品牌,虽然也曾受到过市场的质疑,但依然站立在中国市场上。自1993年进入中国市场以来,美赞臣奉行"人生健康路,照顾每一步"的企业经营理念,注重品牌提升,推广科学知识,关爱中国母婴健康,热心公益事业。从2002年以来,一直占据中国婴幼儿配方奶粉市场的"领头羊"位置。

美赞臣:营养专家的品牌配方

2013年3月25日,AC尼尔森公司发布《2012年全年中国婴幼儿奶粉市场报告》。数据显示,2012年中国婴幼儿奶粉销售额为385.18亿元,其中,美赞臣、多美滋、惠氏和雅培四大国外奶粉品牌的市场份额分别为12.3%、11.7%、11%和7.7%,合计占据中国婴幼儿奶粉将近50%的市场份额。进入中国市场15年来,美赞臣正是通过类似的品牌行销"配方",逐渐成就了其高端市场领导者的竞争地位。

致力健康,瞄准母婴市场

每一个品牌创建的背后,都有其独特的故事,折射出一种关爱、一个梦想、一份坚持或者一种远见。例如,迪士尼的创始人沃尔特·迪士尼

(Walt Disney）起初为戏院和理发店绘制连环画和海报等，后来创建了自己的制片公司；可口可乐在一开始是用来解酒与治疗头痛与感冒的，后来成为非酒精类饮料；松下的 National 品牌寄托了创始人松下幸之助以民族产业为骄傲，以国家兴盛为己任的奋斗目标；诺基亚起初生产纸制品，20 世纪 60 年代开始进入电信行业。

1897 年，爱德华·美赞臣（Edward Mead Johnson）创建美国发酵公司。随着公司业务逐渐壮大，1905 年，公司更名为美赞臣，总部设在美国印第安纳州的埃文思威尔镇（Evansville）。美赞臣对于配方食品的关注，还要源于美赞臣创始人与爱子的一段小故事。当时爱德华·美赞臣的长子病重无法进食，情急之下，美赞臣向被誉为"美国儿科之父"的雅各比博士求救。之后，雅各比为孩子配置出了美国首个得到临床认可和医生推荐的婴儿喂养品。当时，在美国每 1000 个婴儿中大约就有 135 个婴儿在未满周岁前死亡，而且夭折的婴儿多数死于肠胃病症，但是当时的医学界并不能很好地解决这一棘手问题。美赞臣由此逐渐转向健康产业，关注人们对于健康生活的需求，并将婴幼儿的营养配方食品作为重点研究对象。1911 年，美赞臣推出的首个婴儿喂养产品——糊精麦芽糖，在当时是第一种含有碳水化合物的奶粉，公司产品在市场上也获得了首次成功。到 1922 年，公司的年销售额首次超过 100 万美元。大多数 20 世纪 30 年代出生的美国人所接触的第一种固体食物，就是美赞臣的一款麦片配方产品。1959 年，安婴儿配方正式问世，并逐渐发展成为美赞臣最主要的婴儿配方奶粉品牌。凭借卓越的产品品质，美赞臣的市场逐渐向国外扩展，并受到世界各地的医生与婴儿父母的认可和信赖。

2005 年，美赞臣以 22.1% 的市场占有率在全球市场高居榜首。2006 年，美赞臣、雅培和雀巢三大品牌就已经占据美国 97.1% 的婴幼儿配方奶粉市场份额。2007 年，美赞臣全球的销售总额超过 30 亿美元，在全球拥有超过 4500 名员工，生产基地遍布全球，美赞臣旗下的主要配方奶粉品牌有安婴儿、安婴宝、安儿健和安儿宝等。公司的 70 多种营养产品行销包括北美洲、拉丁美洲、欧洲和亚太区等全球 70 多个国家和地区。

美赞臣，现隶属于全球知名制药公司——百时美施贵宝公司（Bristol-Myers Squibb Co.），拥有 100 多年的发展历史，在全球各大洲都有生产基地，是世界上生产营养品的大型跨国企业之一，堪称"世界营养专家"，美赞臣品牌的婴幼儿配方奶粉也是全球市场的主要领导品牌之一。1993 年 7 月，美赞臣中国总部——美赞臣（广州）有限公司成立，美赞臣从此正式进入中国婴幼儿配方奶粉市场。目前，在中国的销售网络覆盖除西藏和青海以外的所有省份，北京、上海、成都和广州是美赞臣在中国的四大销售区域，并在中国 40 多个城市设立了销售点和服务网络，产品覆盖面达 200 多个城市。2007 年度美赞臣在中国市场实现销售收入 16 亿元人民币，较 2006 年有两位数的增长，中国市场也成为仅次于美国市场的全球第二大市场。鉴于中国市场的重要性，美赞臣中国总部正式更名为——美赞臣营养品（中国）有限公司。2010 年，美赞臣在中国内地和香港的总销售额达 7.45 亿美元，超过美国成为全球第一大市场。根据欧瑞咨询数据显示，目前婴儿食品中，雀巢全球的市场占比高达 21.7%，位居第一，其次则为达能、美赞臣，分别为 13.9% 和 10.6%，辉瑞为 4.1%。

管理质量，追求卓越品质

台湾"经营之神"王永庆曾经说过，产品的品质决定了品牌的大小，而持续的产品品质决定了品牌的长短。纵观跨国品牌的发展历程，无论是宝洁、西门子，还是索尼、通用等品牌，都将产品质量的提升作为企业获取长期竞争优势的发动机，因为他们知道只有保持产品质量的恒久稳定和提升，才能固守营销的原点——最大程度地满足消费者的需求。美赞臣对于产品质量的追求和管理，可以说贯穿研发、生产和流通等整个系统。第一，强大的新产品研发能力，引领产品潮流；第二，严格的生产工艺，确保产品没有瑕疵；第三，流通环节的产品追踪，维护消费者权益。

虽然母乳是婴幼儿最理想的食品，但是对于那些母乳不足或者没有母乳的婴幼儿来说，越接近母乳的配方奶粉对其成长和发育越好。美赞臣产品研发的起点为婴幼儿生长发育对于营养物质的需求，因此婴儿产品配方一直围绕人奶营养成分进行设计。因此，在产品设计上，美赞臣配方奶粉的研究一直以接近母乳营养结构作为研究方向，使其配比更优化、更接近母乳的天然成分。

美赞臣在美国、欧洲、拉丁美洲和亚洲设立有四个产品研发中心，单单在亚洲的研发中心就汇集了80多名营养和医学专家。通过自己的医学研究中心，美赞臣每年投入大量费用来研究医学和营养课题（1980年以来，通过全球顶尖营养研究机构，美赞臣用于产品研发的费用已经超过1500万美元），从而确保美赞臣的产品能够符合当代消费者的营养需要。此外，为了确保美赞臣中国公司的研发与全球保持统一步调，美赞臣中国公司还设立了专门部门加强与美赞臣在全球研发机构的沟通和协调，使得美赞臣在全球的研发成果能够迅速转化并引进中国市场，为中国消费者提供最新型的营养产品。美赞臣陆续推出的系列产品都凸显了营养结构的合理配比，并受到市场的欢迎，根本原因正是基于其对新产品研发的重视和尊崇。

"全程安全"模式是美赞臣在产品质量安全管理方面一直采用的政策，通过这一模式，美赞臣将上下游企业全部纳入安全管理体系中来。从原料控制、生产过程和销售流通等环节为消费者提供产品安全保障。例如，在原料采购环节，只有既符合卫生标准，又符合安全和营养检验标准的原料才可以用于营养品的生产；在产品检验环节，需经过理化、微生物和感官评估等工艺验证；在流通环节，还进行配方的货架稳定性分析，以确保产品在保质期的有效性。美赞臣中国公司按照制药行业 GMP 标准来安排生产、设施、供应工程和仓储领域，并严格执行 HACCP 食品质量安全管理体系，从而保证了生产工艺、流程和质量保证等方面达到世界卫生组织（WHO）关于婴幼儿食品卫生法规的要求。1996 年 3 月，美赞臣（广州）有限公司通过 ISO9002 国际质量标准体系的认证审核，也是中国第一家获 ISO9002 证书的营养品公司。

正是基于强大的产品研发优势和有效的产品质量控制系统，美赞臣在婴幼儿配方奶粉领域保持了领先的竞争优势。2000 年，美赞臣首先推出添加 DHA、ARA（可显著提高婴幼儿智力发育指数）的安婴儿 A+，该产品获得美国食品药品管理局（FDA）的许可认证，是中国大陆地区唯一一家获美国 FDA 核准的婴儿营养品，也是在此方面唯一达到世界卫生组织和联合国粮农组织推荐标准的婴幼儿配方产品。2001 年，美赞臣首度推出能够促进婴幼儿脑部发育的"美赞臣 A+"产品，随后，在中国市场上很快演变成各大配方奶粉企业之间的一场对于婴幼儿"脑力争夺"的市场竞争，领航者正是美赞臣。2003 年，美赞臣还在此基础上，提升产品"SA"（唾液酸，使产品更接近母乳，可以提升婴幼儿记忆力）含量，进一步完善产品营养构成。美赞臣作为该领域的倡导者和领导者，2006 年 9 月全新推出的"美赞臣 A+"奶粉，被誉为"婴幼儿配方奶粉的典型性改良"，产品不断的创新和改良保证了美赞臣始终处于行业的领导地位。

美赞臣认为，一个真正具有责任心的企业仅仅做好生产环节中的控制是远远不够的，因为食品安全问题在流通环节及使用环节中监测不到位，同样会有损害消费者利益的情况发生。因此，除了严格执行质量控制体系外，在流通环节及使用环节，美赞臣中国公司也会对其进行严密的控制。2005 年，美赞臣对原先的"全程安全"模式进行了升级再造，推出"美赞臣信心 A+ 工程"，其主要包括两套系统：一套数码防伪标签系统和一套产品追踪系统。一方面可以确保消费者买到合格正品，另一方面可以有效监控产品的流通情况。例如，当消费者查询产品真伪（通过防伪电话、手机短信或者网站查询）时，美赞臣可以根据查询来电显示的区域，与数据库中储存的该数码信息进行对比，进而了解到产品在渠道的流通情况，有效地对渠道实施管制。

通过对于物流和供应链条的全程严格管理，美赞臣始终保证能够提供给消费者合格的、放心的营养产品。也正是对于卓越产品品质的不断追求，使得美赞臣能够在产品开发层面始终保持在市场上的领先地位，进而引领一轮又一轮的市场消费热潮。

把控高端，锁定重度市场

目前，全球排名前100名的乳品企业已经有20多家进入中国。慧典市场研究报告网的《2006~2007年中国婴幼儿奶粉市场调研报告》显示，中国奶粉市场每年呈现两位数的高速增长，其中高端婴幼儿奶粉的市场规模在50亿元左右。为抢占中国巨大的奶粉市场，雀巢、惠氏、多美滋等多个进口奶粉品牌已先后在华投资设厂。目前，中国婴幼儿奶粉市场已经形成"三足鼎立"的竞争格局，其中跨国企业、国产中型和小型企业分别占据高端、中端和低端市场。美赞臣将自己的市场锁定在高档市场，并且把既需要优质产品又需要优质服务的高端人群作为重点目标市场。美赞臣以产品线组合、定价策略、渠道策略、零售体验、沟通策略为主导，应对当今消费不断升级、需求不断细分的市场，专注于宝宝益智培养的高端消费群体需求，以持续满足目标受众的需求，从而积累强大的品牌资产，并不断带来市场上的溢价回报。

鉴于高端市场的品牌定位，在区域市场的选择上，美赞臣主要以北京、上海和广州等沿海发达地区和内陆中心城市为主要市场，针对受教育程度和收入水平较高的年轻父母开展营销活动。由于高端市场消费人群强调品牌主张和个性的消费行为特征，美赞臣在推出"脑部营养专家"品牌形象诉求的同时，还辅以大量的育婴保健和婴儿智力提升的知识教育普及，从而突出了专业的品牌形象。此外，美赞臣还着力打造品牌在市场上的可信度。例如，2007年围绕"3·15"活动，美赞臣开始倡导"和谐消费"，希望进一步丰富品牌的内涵，品牌形象朝着成为消费者"可信赖的品牌"转变。受过良好教育、收入较高的年轻父母希望给宝宝最好的产品，因此，能够准确地洞察目标消费者的消费诉求是美赞臣在高端市场成功的重要因素之一。

另外，为了最大程度地覆盖高端目标市场，美赞臣设计和开发了一系列产品来满足消费者（妈妈和婴幼儿）的需求。通过从"安婴妈妈"到"安婴系列婴幼儿奶粉"系列产品，美赞臣涵盖了包括婴幼儿、儿童、孕妇和授乳妇女等目标市场，可以说为目标消费者提供了整套的解决方案。2002年，美赞臣成为中国市场高端配方奶粉领域的领导品牌，并同雀巢、惠氏和多美滋等国外品牌共同构成高端市场的第一军团，它们已经占据了中国奶粉市场超过50%的份额，其他的国外品牌还包括施恩、雅培（美国）和澳优（澳大利亚）等。近年来，美赞臣婴幼儿配方奶粉在中国市场发展速度十分迅猛，2006年公司业务增长了30%，2007年增长20%。根据AC尼尔森数据显示，美赞臣在中国市场占据了17%的市场份额，比第二名多美滋高出2个百分点。中国婴幼儿奶粉市场竞争格局如图7-1所示。

根据中国乳业协会2007年的数据显示，在中国高端婴幼儿配方奶粉市场上，美赞臣占据了25%的市场，惠氏、多美滋则分别是20%和12%。在奶粉市场上，国内婴幼儿奶粉企业主要集中在中低端市场，占据了超过70%的市场，而外资品牌占据着超过80%的高端奶粉份额。IMS数据显示，中国配方奶粉市场近5年一直保持快速增长的势头，2006年和2007年的增长速度都在20%左右，婴幼儿配方奶粉目前约占配方奶粉市场的25%。

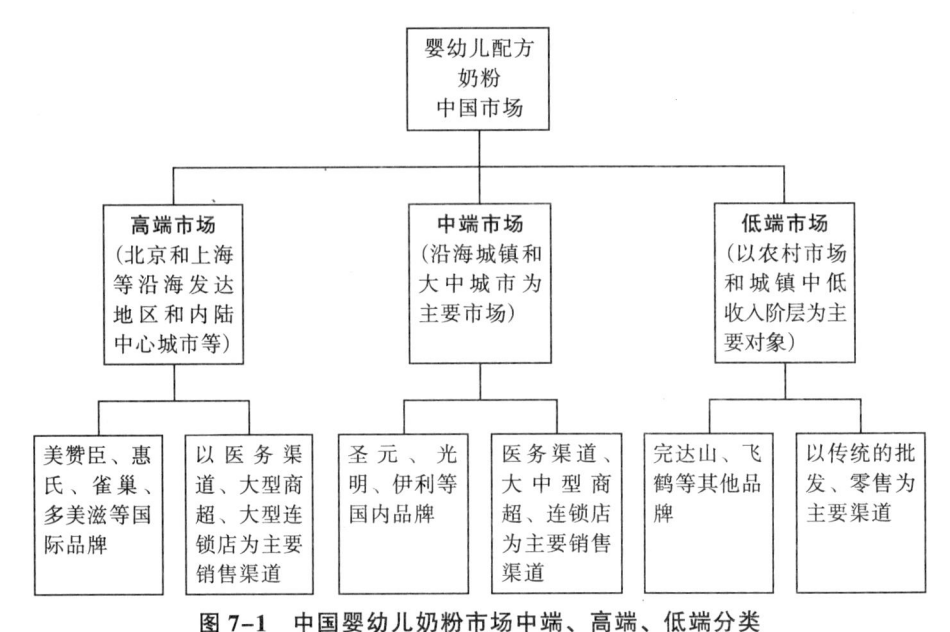

```
                    ┌─────────────┐
                    │ 婴幼儿配方  │
                    │   奶粉      │
                    │ 中国市场    │
                    └──────┬──────┘
        ┌──────────────────┼──────────────────┐
   ┌────┴────┐        ┌────┴────┐        ┌────┴────┐
   │高端市场 │        │中端市场 │        │低端市场 │
   │(北京和上海│      │(沿海城镇和│      │(以农村市场│
   │等沿海发达│      │大中城市为│      │和城镇中低│
   │地区和内陆│      │主要市场)│      │收入阶层为主│
   │中心城市等)│     │         │       │要对象)   │
   └─────────┘        └─────────┘        └─────────┘
```

图 7-1 中国婴幼儿奶粉市场中端、高端、低端分类

高端市场下：美赞臣、惠氏、雀巢、多美滋等国际品牌；以医务渠道、大型商超、大型连锁店为主要销售渠道。

中端市场下：圣元、光明、伊利等国内品牌；医务渠道、大中型商超、连锁店为主要销售渠道。

低端市场下：完达山、飞鹤等其他品牌；以传统的批发、零售为主要渠道。

2010年，整个中国婴幼儿配方奶粉市场规模达30亿美元，其中高端配方奶粉占整个配方奶粉市场的一半份额。可见，在巨大的高端婴幼儿配方市场潜力面前，以美赞臣为首的外资品牌将会和国内品牌展开更为激烈的竞争。

关注健康，成就服务品牌

良好的服务，一方面可以解决顾客面临的各种问题，扩大口碑营销的效应，另一方面可以增加品牌忠诚度，使顾客终身价值最大化。因此，很多行业包括汽车、家电、IT、手机和保险等行业都将服务看成是整体产品中不可分割的一部分，而且更加看重这一环节的品牌增值功能。谈到奶粉产品，好像离服务要远一些，很多企业将产品销售本身作为工作重点，没有进行深度服务的开发。而美赞臣却在服务领域精耕细作，打造卓越的服务品牌。自进入中国市场以来，美赞臣秉承"人生健康路，照顾每一步"的宗旨，通过各种方式为消费者提供最好的营养产品和最完善的售前、售中和售后服务。

1997年，美赞臣在中国设立育儿及营养热线，咨询热线的客户服务人员目前已经达到61人，电话服务人员主要由退休儿科、妇产科医生和护士等专业人员构成。服务热线涉及产品使用专业知识、育婴指导和处理消费投诉等。现在，美赞臣热线服务已经覆盖全国40多个城市，每年接听咨询电话高达5.5万多个。通过服务热线，美赞臣能够迅速了解顾客需求，并及时解决消费者可能遇到的各种问题。

除了给婴幼儿提供营养充足的产品之外，关注婴幼儿智力发展并推出相应的营销活动也是美赞臣在服务营销领域的核心理念。2003年，美赞臣联合中国营养学会合作推出"美赞臣A+智力升级计划"。同时，还联合儿童营养学家、儿童心理学家和教育专家等一同研究智力发展的科学方法，推出智力升级新概念——益智配方+益智游戏+妈妈参与。2007年，美赞臣在广州展开"美赞臣A+健康益智双领先——双星宝宝运动会"，为0~3岁宝宝设计了各种益智游戏，吸引了许多家长带着宝宝来展示其健康与聪明。通过各种形式的活动，为参与活动的宝宝提供量身定做的智力发展计划，也增强了年轻父母（购买决策者）对品牌的信赖度和忠诚度。

此外，美赞臣还将婴幼儿的早期教育作为服务营销的另一个利器。公司定期邀请相关专家举行消费者、医护人员交流、讲座活动，希望把最新的早教概念传播给广大消费者，为婴幼儿的教育提供科学的理论根据和教育方式。例如，2007年4月13日，由中国儿童中心、美赞臣共同发起的"A+探索领先学习计划"在北京启动，本次计划以太空探索为主题，旨在帮助幼儿教育工作者和家长们提高孩子的主动学习意识与能力。此外，2007年7月，美赞臣公司和剑桥大学的分支机构剑桥大学出版社结成战略合作伙伴，双方将共同致力于世界领先早教理念在中国的推广和传播，在中国10个城市推出"剑桥小博士乐园班"，面对面地为中国婴幼儿提供最先进的启蒙教育，并开设一个"网上剑桥图书馆"，以供妈妈们及时查阅和补充早教知识。

当国产品牌还在一、二线城市的终端操作策略上下工夫时,美赞臣关注的却是对消费者的教育以及由此产生的口碑营销效应,进而通过在为宝宝选择合适产品、讲授育儿知识、开发幼儿智力等方面做足文章,在消费者心目中逐渐树立起"婴幼儿营养和益智专家"的服务品牌形象。

慈善营销,烘托品牌形象

企业社会责任,是近年来在国际范围之内出现的用来考核企业竞争力的新指标,它可以站在提高人类社会长期福利的高度来评估特定企业的竞争优势。为此,很多国内外企业还通过发布"企业社会责任年度报告"的形式,来对投资者、社会公众展示企业的综合竞争实力,加强市场对企业的信心。作为超越百年历史的跨国品牌,美赞臣一直关注于自身的企业社会责任,并把它延伸到了中国市场。

美赞臣在中国市场的企业社会责任履行,除了关注婴幼儿健康、年轻父母、单亲妈妈,还将触角伸到社会各个需要帮助或者救助的领域。例如,为了挽救先天苯丙酮尿症婴儿的生命,美赞臣通过与全国各地卫生局合作的方式,向这些特殊小孩提供 PKU 奶粉。2003 年,美赞臣与合肥、南昌及海口三地妇联联合为当地贫困的单身妈妈赠送产品。2004 年,美赞臣公司动员员工 300 多人,以登山募捐的形式共筹得 3 万多元捐赠给广东省残联,此外,贫困大学生、"非典"医务人员和新闻工作者等也是美赞臣的关注对象。例如,从 2007 年 9 月开始,美赞臣"为生命画一片绿叶——美赞臣儿童圆梦行动"大型公益活动在全国十大城市陆续展开,活动旨在关注城市中的农民工子女等弱势群体儿童,不仅向孩子们进行学习用品等物质捐赠,带他们参观当地科学技术馆,还通过交流,关注他们内心的情感及梦想,让他们感受到外界的温暖和关怀。2008 年 5 月的四川汶川大地震,美赞臣除了捐助款项外,还通过广州红十字会捐助了价值 216

万元的婴幼儿奶粉,以救助在灾难面前缺乏母乳喂养的灾区婴幼儿。

从 2005 年以来,美赞臣斥巨资赞助中国卫生部开展儿童体格发育调查。2007 年 2 月,由美国美赞臣公司出资 100 万元人民币赞助的"中国第四次儿童体格发育调查报告"公布,调查报告显示出了中国主要城市儿童的生长发育水平。2006 年,美赞臣与中国扶贫基金会共同启动"母婴平安 120 行动·美赞臣爱心之旅",除了分三年向"母婴平安 120 行动"项目捐赠价值 300 万元的奶粉之外,美赞臣还逐步在全国范围内寻找 1000 名贫困婴幼儿作为捐赠对象。在"母婴平安 120 行动·美赞臣 2007 爱心之旅"中,美赞臣于 2007 年 11 月发布针对福建省政和县和重庆市黔江区的《贫困地区婴幼儿营养状况调研报告》,指出贫困地区婴幼儿营养不良、贫血患病率较高两大突出问题。通过调查,一方面可以帮助人们认识和了解儿童体格发育情况,另一方面将为美赞臣进一步推出更适合中国儿童的婴幼儿奶粉提供了事实支持。

除了以上的公益事业,美赞臣还通过开设义诊、举办讲座,赠送并讲解《美赞臣婴幼儿营养健康手册》,将最实用的生育和喂养方面的知识传递给年轻的妈妈们。2008 年 12 月,在中国红十字基金会等机构举办的第二届"公益中国"跨年度评选颁奖晚会上,美赞臣营养品(中国)有限公司获得"2008 公益中国年度最佳企业社会责任典范",这是中国社会对美赞臣 15 年以来持续所做的公益事业的再次肯定。关注公益,通过公益来履行企业的社会责任,是美赞臣在中国市场一直奉行的经营宗旨之一,也正是在这个过程中,无论在目标消费群体中(年轻父母),还是在社会公众心目当中,美赞臣都树立起了一个"向消费者负责,对社会负责"的品牌形象。

布局中国,征战未来市场

对于大多数跨国品牌来讲,中国是"最后的一块大蛋糕"。丰田、奔驰、松下、宝洁、西门子、保乐力加和飞利浦等众多全球品牌都加大了对中国市场的投入和开发，希望在逐渐增大的消费潜力背景下占据一席之地。当然，营养品市场尤其是婴幼儿配方奶粉也不例外。目前，我国每年大约新增1700万婴儿，340万婴儿（约占20%）需要用奶粉来喂养，市场容量在30万吨左右，而如今中国婴幼儿奶粉年产量仅8万~10万吨。中投顾问发布的《2011~2015年中国奶粉市场投资分析及前景预测报告》显示，中国0~3岁的婴幼儿有7000多万，且每年仍将迎来1600万~2000万的新生婴儿。中国奶粉市场潜力可见一斑。

在巨大的市场潜力面前，美赞臣及其竞争对手，都厉兵秣马准备进一步的市场开拓。例如，惠氏奶粉（包括孕妇奶粉和婴幼儿配方奶粉）中国市场销售额早已突破10亿元大关。2008年，惠氏在苏州投资20亿元开始兴建在亚洲乃至全球最大规模的婴幼儿配方奶粉工厂；多美滋奶粉在中国大中城市的销售量也一直排在前列，2007年多美滋追加8亿元人民币用于扩建上海金桥工厂，并逐渐向高端市场转移；2006年以来，国产奶粉品牌除了将产品线向婴幼儿配方奶粉高端市场延伸之外，也逐渐把注意力转移到开发医务渠道、宝宝店、幼儿园、社区等目标消费者集中的地方，并开始关注早教机构等新市场。

根据AC尼尔森数据报告显示，2010年，中国奶粉市场销售五强（多美滋、伊利、美赞臣、贝因美和惠氏）中，洋品牌占了三席。2011年我国婴幼儿奶粉销量前十的品牌中，洋奶粉品牌更是占据了半壁江山，如表7-1、表7-2所示。

表7-1 2011年中国奶粉市场热卖排行榜前10名

排　名	奶粉品牌	品牌属地	销售额（亿元人民币）
第一名	美赞臣婴儿奶粉	美国	30
第二名	多美滋婴儿奶粉	欧洲	25
第三名	惠氏婴儿奶粉	美国	23
第四名	雅培婴儿奶粉	美国	20
第五名	伊利婴儿奶粉	中国	18

续表

排　名	奶粉品牌	品牌属地	销售额（亿元人民币）
第六名	圣元婴儿奶粉	中国	17
第七名	飞鹤奶粉	中国，被美资收购	17
第八名	培芝婴儿奶粉	新西兰	15
第九名	贝因美婴儿奶粉	中国	13
第十名	明治婴儿奶粉	日本	11

表 7-2　2011 年中国十大婴幼儿奶粉品牌

排　名	奶粉品牌	品牌属地
第一名	惠氏	美国
第二名	美赞臣	美国
第三名	贝因美	中国
第四名	雅培	美国
第五名	多美滋	欧洲
第六名	飞鹤	中国，被美资收购
第七名	伊利	中国
第八名	雅士利	中国
第九名	合生元	中国
第十名	圣元	中国

鉴于液态奶利润率仅仅为 5%~6%，而高端奶粉的利润率高达 20%~30% 的市场现实，2006 年，国内知名乳业品牌如伊利等纷纷发力高端奶粉市场，投资重点开始向奶粉领域转移，并且将高档婴幼儿配方奶粉作为主攻市场之一。例如，近两年来伊利集团的中高档婴幼儿奶粉始终保持着 140% 的增长速度。2006 年，完达山在黑龙江建立了国内单体规模最大的奶粉生产线；三鹿投资 1.8 亿元兴建了一条高档配方奶粉生产线，并在北京成立高档奶粉事业部，推出高端婴幼儿奶粉。2006 年以来，诸多国内品牌如飞鹤、完达山、贝因美、雅士利、南山、伊利和蒙牛都开始充实自己的高端产品线，有的还效仿美赞臣添加 DHA、ARA 等营养物质，其中伊利金领冠婴儿配方奶粉和贝因美金装初生婴儿奶粉等都是典型代表。此外，贝因美将产品定位在"专为中国宝宝研制"上，并树起"育婴专家"大旗。

2007年度，伊利和圣元在市场上都有新的突破，分别对雀巢和惠氏形成了极大的市场压力。

但是，也正是在高额利润的吸引下，各大品牌在扩大生产的同时，却没有将原料管理纳入严格的供应链条管理。2008年9月，"三鹿三聚氰胺事件"震动全国，并由此引发了市场对于整个奶行业的质量信任危机。2008年9月16日，国家质检总局公布了其对109家婴幼儿奶粉企业"三聚氰胺"的排查（全国共有175家婴幼儿奶粉生产企业，其中66家企业已被要求停止生产婴幼儿奶粉）结果，包括伊利、蒙牛、圣元、雅士利等22个厂家在内的69批次产品中含有三聚氰胺的检测结果，并被要求立即下架，市场信心降到低点。之后，各大品牌企业纷纷通过产品召回和严格内部检测等手段进一步控制产品质量，还通过新闻发布、实时披露、媒体道歉和邀请消费者参观生产基地等方式来挽回市场信心。

在"三聚氰胺"面前，国外品牌也未能独善其身，只是没有带来毁灭性的品牌灾难。2008年11月25日，美国食品和药物管理局公布的检测结果，美赞臣Enfamil LiPil 补铁婴儿奶粉样本含微量三聚氰胺，雀巢Good Start 强化补铁婴儿奶粉样本含微量三聚氰酸（三聚氰胺的一种衍生物），两者含量均远低于百万分之一。本次检测未发现雅培奶粉含上述化学物质，但雅培公司一名发言人说，企业内部自检发现产品含微量三聚氰胺。报道一出，市场哗然，中国市场上的消费者对于跨国奶粉品牌也同时出现了信任危机。三天之后，根据FDA随后公布的婴儿奶粉三聚氰胺含量设定标准（如果奶粉中不同时含有三聚氰胺及其衍生物三聚氰酸且任一者含量不超过百万分之一，则为安全产品），涉及品牌及时做了相应的报道澄清，美赞臣等跨国品牌"幸免于难"。

2007年，中国已经取代墨西哥成为美赞臣的全球第二大市场，仅次于本土市场美国。美赞臣中国公司总经理麦杰华这样看待中国市场："中国每年有1500万~2000万的新生婴儿，中国市场未来将取代美国成为美赞臣全球最大的市场。"结果，2010年，中国取代美国成为美赞臣全球第一大市场。为了应对可以预见的激烈市场竞争，从2007年开始，在美赞臣推出的全新品牌策略中，美赞臣把"消费者可信赖的选择"作为核心诉求。他们认为，要实现"和谐消费"，就是让品牌成为"消费者的信赖之选"。为了配合品牌升级策略，美赞臣在客户数据库建立和开发、益智参与活动、产品研发设计和渠道监控等方面，都进行了相应的改造或者再造。

2012年婴幼儿奶粉进口关税下调，由于美赞臣、惠氏、雅培、多美滋等洋品牌在此之前已经享受最惠国待遇，大多执行5%的关税，调整后执行4.4%的平均税率，下降幅度不大。而2012年新西兰根据自由贸易协定向中国出口婴儿配方奶粉将实行零关税。自此背景下，"洋奶粉"价格不降反升的行为充分说明其在国内高端市场的强势竞争格局。目前，"三聚氰胺事件"的始作俑者三鹿集团已经宣布倒闭，公司的主要实体也被另一乳业品牌三元接管，在国家监管部门和行业企业的共同努力下，市场信心在逐渐回升。2011~2012年，中国国内爆发了针对"洋奶粉"质量的集体质疑，也为包括美赞臣在内的奶制品企业提出了更为严苛的运营与营销挑战。相信在品牌企业的悉心努力之下，消费者信心逐渐回归，整个乳品行业将会迎来一场回归商业文明的集体性革命。

从美赞臣的品牌发展历程来看，并没有大手笔的广告宣传费用，也没有令人眼花缭乱的营销策略，更没有赚人眼球的媒体炒作。相反，美赞臣将自己的工作重心放到了高质量产品的研发和控制、目标消费群体的关注与关怀和对公益事业的支持和赞助等环节上来，从而在市场上成功树立起"脑部营养专家"的产品品牌形象和"益智专家"的服务品牌形象。作为发展历史超过百年的营养健康品品牌，美赞臣的品牌轨迹向我们呈现出一个"关爱消费者、成就企业品牌"的成长案例。美赞臣的成功之道，充分说明，企业的竞争是满足最大化地区和满足消费者需求的系统运营能力之间的竞争，关注营销的这一原点，才能保证品牌在市场上的"基业常青"！

斯沃琪（Swatch），一个代表时尚的手表品牌，更是当今世界上最大钟表工业集团的企业名称。从斯沃琪手表品牌的诞生到瑞士斯沃琪集团的形成，才仅仅30年的发展历程，而旗下却拥有众多超越百年的钟表品牌，它已经成为奢侈、高雅、华贵、财富、成功、流行、时尚等一系列感性诉求的代名词，进而在世界钟表市场上"攻城略地"，给我们演绎出一段"创新成就品牌"的跨国品牌经营故事。

斯沃琪：手腕上的钟表帝国

2013年3月，斯沃琪"1983全新经典原创"系列腕表上市。该系列产品以透明塑料表头和表带搭配镂空表盘，主要部件饰以金色，机芯转动齿轮上的黑色英文CELEBRATE（庆祝）与银色宽表圈上的金色1983~2013年份刻度遥相呼应，其设计充满喜庆色彩。正如瑞士斯沃琪集团中国区总裁陈素贞女士所讲，集团旗下品牌在推出每一款手表时，都赋予了它情感故事，进而和不同的目标消费群体进行深层次的沟通。作为当今世界上最大的钟表工业集团，斯沃琪究竟经历了怎样的品牌发展历程，也是每一个关注品牌生存和发展的人不得不面对的营销话题。

瑞士制造，斯沃琪集团化整合资源

在国际市场上，当消费者提及某一个国家时，总会想起某一个大类的产品。例如，瑞士钟表、法国香水、法国葡萄酒、意大利皮鞋、德国轿车、德国啤酒、日本电器和美国电脑等。我们可以认为，国家品牌在为本国某一种产品在国际市场上散发诱人的品牌魅力提供背书。瑞士钟表行业拥有悠久的历史传统，秉承其卓越的制表工艺，在国际市场上树立起强大的原产地国家品牌形象，"瑞士制造"（Swiss Made）本身已经成为一种品质的象征，而表身上出现的这简单的两大英文单词，也已成为卓越原产地品牌的代码。

钟表行业是瑞士重要的传统工业之一，在一定程度上，可以称为瑞士国家的象征。1804年，瑞士出现了第一家钟表厂，从此开启了瑞士钟表工业的时代。1845年，瑞士开始了制表机械化生产。1868年，世界上第一只手表诞生。当时的手表，可以称为是绝对的奢侈品，一方面，机械零部件的高成本和复杂工艺的高成本使得普通人"望而却步"；另一方面，手表上镶满了珠宝钻石，它还是一款手腕上的昂贵装饰品。劳力士的天才创办者维斯多夫先生，将手表从装饰性的神坛拉低到实用性的大众化消费，把早期镶满钻石和宝石但机件粗劣的首饰表变成机件级数高和精密准确的计时器，将手表性能和戴表者的消费态度进行了扭转，使得手表变成每个人日常生活不可或缺的一部分，从而开启了瑞士手表发展和壮大的辉煌历史。在此过程中，瑞士著名的手表品牌劳力士（Rolex，1908年，劳力士商标正式注册）、欧米茄（Omega，1894年正式创牌，欧米茄是希腊文最后一个字母Ω的发音）、雷达（Rado，创立于1917年，之后研发推出了世界第一只不易磨损型手表）和浪琴（Longines，创建于1867年，1896年时就是雅典奥运会的计时器）可以说是代表瑞士钟表工业的"四轮驱动器"。从20世纪20年代起，在瑞士钟表品牌的"四轮驱动器"和其他品牌的共同努力下，凭借其在机械制表工艺领域的不断追求和创新，它们率领着瑞士钟表行业不断发展并走向世界市场，瑞士钟表品牌在手表的"机械时代"，在全球市场上可谓独步天下，在20世纪60年代末达到顶峰。

任何行业都会出现革命性的技术改良和突破，如果企业不能及时转型，就有可能被竞争对手甩在身后。钟表行业也不例外，而接下来由日本企业开创的"手表石英时代"就给瑞士钟表行业带来了近乎毁灭性的打击。1969年，日本精工研制并推出了世界上第一块石英手表Seiko Quartz Astron。石英技术在钟表上的使用，用电池代替传统的机械发条，极大地缩小了机械钟表的计时误差，而且具有小型化、低成本和无须太多售后服务的特点，成为钟表行业的又一次技术革命，从此，钟表工业进入了石英时代。进入20世纪70年代以后，日本精工接替瑞士劳力士成为石英电子表时代的"领头羊"，并于1981年销量跃居世界首位。80年代初，日本石英手表行业已经形成了"精工"（Seiko）、"西铁城"（Citizen）和"卡西欧"（Casio）等强势品牌，并在中低档手表领域获得了巨大的商业成功。并且，石英手表技术迅速在除日本之外的国家和地区被采用，如中国台湾、中国香港和新加坡等。1982年，瑞士钟表的销售总额已经退居到日本、中国香港之后的第三位，世界市场的占有率不足15%。

瑞士钟表行业在强大的竞争压力之下需要做出战略转型。1981年，瑞士最大手表公司的子公司ETA开始推出了品牌为"斯沃琪"的手表，1982年10月开始投入生产。但是，在斯沃琪手表刚推向市场的时候，产品和品牌定位并不准确，并没有在全球范围内取得理想的销售成绩。针对在低端手表市场出师不利的局面，作为瑞士最大的两家钟表集团的控股股东，瑞士银行决定对旗下企业进行整改。这个时候，瑞士手表行业的传奇式人物——尼古拉斯·G. 海耶克先生[①]（Nicolas G. Hayek）登上了历史舞台。1983年，海耶克受聘于瑞士银行，对接近破产的两家瑞士钟表企业（SSIH——瑞士钟表公司和ASUAG——瑞士钟表工业公司）提供企业改造咨询方案，以应对以日本为首的新兴石英手表制造国对瑞士钟表行业所造成的巨大挑战。经过对低端市场进行进一步细分，海耶克发现年龄介于18~35岁的消费者和具有年轻心态的中年人这个目标消费群体通常是购买耐克运动鞋、贝纳通运动衫、盖普服装和布鲁斯音乐唱片的消费者，虽然没有更多的钱去消费高档手表，但更需要一种时尚来满足其个性化的需求。要在这个细分市场上取得成功，企业就必须能够感知消费者口味的变化。于是他决定把手表的功能从计时诉求转化为感性诉求，将手表视为一种流行、时髦的配件，这个观念完全颠覆了瑞士手表的传统定位。

1983年，在海耶克的主导下，新的斯沃琪品牌推广战略正式揭幕——"低价格、高品质、流行的时装配饰和青春创意的生活形态"。在低端市场，海耶克提出要跨越"经济型手表"的门槛，而进入"风格时尚型手表"领域。紧接着，海耶克从生产制造工艺和产品设计方面做出了一系列的调整，例如，采用塑胶和其他人造物料作为手表的原材料、精简手表零件、降低损坏几率、兴建自动生产线和扩大生产规模等措施，在高质量和低成本之间达到了平衡。斯沃琪品牌的转折点在1984年。从1984年开始，斯沃琪品牌每推出一款新产品，都会起一个别出心裁的名字，并在款式上进行大胆突破，使得斯沃琪品牌彰显出活跃、个性和时尚的品牌个性，这一举动激起了市场上目标消费群体的强烈反响。准确的市场细分和个性化的产品设计，奠定了斯沃琪手表在市场上的初步成功。到1988年的时候，以斯沃琪品牌命名的手表销售量已经超过了精工和西铁城。到

[①] 海耶克于1954年在德国创建了自己的企业咨询公司。之后，凭借其非凡的智慧，在其服务的客户名单中囊括了诸如西门子、奔驰、宝马、德累斯顿银行、AEG和ABB等世界级公司。

1992年，斯沃琪品牌销售额达20亿美元，销量累计突破1亿只，利润为2.8亿美元，将瑞士在世界钟表市场的市场占有率提升到53%。借助于该品牌的杰出表现，重新确立了瑞士手表在国际市场的领导地位，再次向世界证明瑞士钟表工业的杰出实力，也带领瑞士钟表走出了原先石英时代无法自拔的竞争泥潭。

为了加强瑞士钟表在全球市场的竞争优势，1985年，瑞士钟表公司（SSIH，旗下拥有欧米茄和天梭两大品牌）和瑞士钟表工业公司（ASUAG，拥有雷达和浪琴两大品牌）两大集团合并，之后将其改名为瑞士微电子和手表工业集团公司（SMH）。1996年，斯沃琪品牌手表的销售量累计已经达到2亿只。鉴于斯沃琪手表在全球市场上的极大成功，1998年公司进一步更名为瑞士斯沃琪集团。1999年，集团兼并了著名品牌"宝玑"（Breguet）（该品牌创建于1775年），进一步扩大和提升了在高档奢侈表领域的影响力。此后，斯沃琪集团又陆续收购了珐琅（Jaquet-Droz）和格拉苏蒂（Glashütte-Original）等品牌。之后，集团将斯沃琪品牌延伸到儿童手表和首饰等领域。

现今，瑞士斯沃琪集团是世界第一大手表制造商和分销商。2012年，瑞士斯沃琪集团销售额达81.4亿瑞士法郎，净利润增长至16.08亿瑞士法郎。其中，腕表与珠宝部门总销售额达72.97亿瑞士法郎。现在，斯沃琪集团在全球拥有158家工厂，在50多个国家设有分公司，拥有2万多名雇员，拥有18个不同品类的手表品牌及多品牌的陀飞轮零售网络，在不同零售市场区隔均有不同品牌的销售。斯沃琪集团旗下的众多腕表品牌包括Swatch（斯沃琪）、Breguet（宝玑）、Blancpain（宝珀）、Jaquet Droz（积杰）、Glashutte-Original（格拉苏蒂）、Union、Leon Hatot、Omega（欧米茄）、Longines（浪琴）、Rado（雷达）、Tissot（天梭）、Calvin Klein（卡尔文·克莱恩）、Certina（雪铁纳）、Mido（米度）、Hamilton（汉密尔顿）、Pierre Balmain（皮尔·巴尔曼）、Flik Flak（飞菲）和Endura。除手表外，斯沃琪集团也制造和销售珠宝首饰、手表机芯和零配件。

出于对中国市场的重视及信心，2002年，斯沃琪集团中国区总部由香港迁移到上海，之后在北京、广州和沈阳分别设立分公司，在中国内地40多个城市开设了近200家专卖店，集团在中国目前有员工近700名。业务范围包括，斯沃琪集团品牌手表进口和分拨、手表维修、手表批发及零售业务。迄今为止，除Union、Leon Hatot、Pierre Balmain和Endura之外的14个品牌已经悉数进入中国市场，占据了中国钟表业70%的市场份额，销售靠前的分别是欧米茄、雷达、浪琴和天梭。

超越产品，成就手腕上的奢侈品

一个卓越的品牌，不仅要向消费者传递信任和满意度，更为重要的是要沟通品牌的核心价值观念。在人们的传统观念里，手表产品主要解决的是"计时"功能，但在产品多样化和消费者逐渐富足的市场环境里，手表的计时功能已经被大大弱化，更多的消费者将手表看成是能够体现佩戴者身份或者品位的象征。从这点来看，名表，尤其是面向中高端市场的手表，可以称为绝对意义上的奢侈品消费。

所谓奢侈品，指的是注重产品质量和品位。面对中高端市场的产品和服务，它能够给消费者带来的是一种高雅、精致、时尚的生活方式。奢侈品超越了产品和服务的物理功能，更加强调其能够产生的精神愉悦功能。中信证券的研究表明，服装、首饰、皮具、手表、化妆品、汽车、豪宅和游艇等，都可以纳入奢侈品的行列，如图8-1所示。新兴国家市场的消费者成为拉动奢侈品消费的重要力量，这些国家包括中国、新加坡、印度、印度尼西亚、俄罗斯、阿拉伯联合酋长国、韩国和以色列等国家。

图 8-1 全球奢侈品行业构成

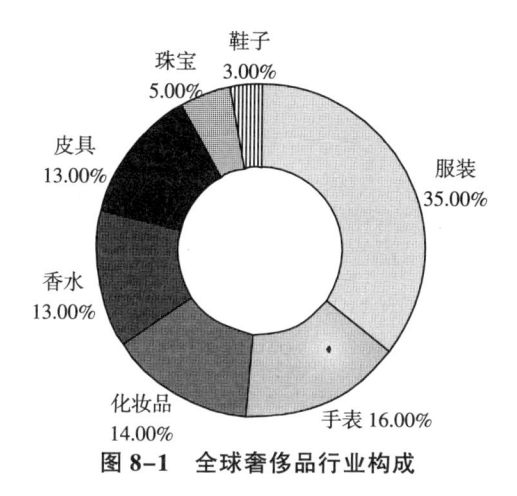

（图中数据：鞋子 3.00%，珠宝 5.00%，皮具 13.00%，香水 13.00%，化妆品 14.00%，手表 16.00%，服装 35.00%）

在斯沃琪集团旗下的品牌中，进入中国市场最早的当属欧米茄。早在1895年的时候，当时的上海铁路管理局为了保证火车的准时运行，需要为其员工配备精确的手表，最终他们选择了欧米茄。之后，中国多个铁路部门将欧米茄作为指定计时器。为此，欧米茄还分别于1938年、1940年、1951年和1955年为中国铁路部门推出了欧米茄铁路表特别版。可以说，欧米茄是正式进入中国市场最早的瑞士品牌。接下来，我们将主要以斯沃琪集团旗下的高端品牌欧米茄为例，来分析它的奢侈品营销方式。

体育营销，本身就是对钟表品牌计时功能的一种证明和宣扬，而将体育精神和品牌内涵"联通"，是欧米茄一直以来坚持不懈的努力方向。从1932年洛杉矶奥运会至2006年都灵冬季奥运会，欧米茄一共22次担任奥运会的正式指定计时器；2008年北京奥运会和2012年伦敦奥运会，欧米茄仍然是奥运会官方指定计时器。在此过程中，欧米茄与竞技体育结下了不解之缘，欧米茄计时器还不断出现在田径、游泳、赛车、高尔夫球和帆船等比赛领域中。1979年，在北京第四届全运会上，欧米茄也肩负了大会的计时任务。因为欧米茄相信：在为竞技体育项目计时的同时，也体现了品牌的核心价值和精神——持之以恒地追求精确、完美和成功。体育精神和欧米茄的品牌内涵在此方面是相通的。2008年的北京奥运会上，欧米茄再次担当指定计时器的重任，同时也是将品牌价值再次向世界传播的过程。

此外，将情感注入品牌，让欧米茄与消费者在心理或精神层面进行沟通并达到共鸣，可以说是欧米茄开展奢侈品营销的又一个利器。通过感性诉求，欧米茄把品牌历史、品牌故事、品牌价值观念成功地传递给世界范围内的目标消费群体，不同时期的品牌传播诉求如表8-1所示。

表8-1 欧米茄不同时期品牌传播诉求概览

时间段	宣传诉求
1894~1914年	与当时杰出的平面设计师和画家合作，推出平面广告，用文字和画面传递品牌的精湛工艺，向市场传递其卓越的产品品质，瑞士传统制表工艺和品牌的精益求精是当时主要的诉求点
20世纪20~30年代	以"OMEGA, the right time for life"为品牌宣传口号，彰显品牌的运动和时尚特征；20世纪30年代，欧米茄还启用当时中国著名影星胡蝶小姐为其品牌代言
20世纪50~90年代	品牌逾经百年，以"OMEGA, the watch the world has learned to trust"为宣传诉求点，品牌开始走向国际化，在天文台认证和奥运会等盛大体育赛事指定计时器等因素的推动下，使品牌在更大规模上走向国际成为可能
20世纪90年代以后	启用超级明星作为品牌形象大使，广告主题为"OMEGA, my choice"，其中包括国际名模辛笛·克劳馥、著名影星麦克弗森和皮尔斯·布鲁斯南、网坛名将辛吉斯和安娜·库尔尼科娃、泳坛名将波波夫、高尔夫高手艾尔尼·艾斯和兰格、赛车冠军舒马赫等。中国市场形象大使包括任达华、李玟、任贤齐和董何斌等。借助具有典雅气质、成功故事的名人载体，来诠释品牌的丰富高端内涵

个性化定制和限量发售，也是欧米茄在推出系列新产品时所惯用的手法。当然，这种方式开发出的新产品通常都属于高端或者超高端产品。例如为美国买主设计有自由女神图案的手表；为阿拉伯巨富研制能显示月亮圆缺（代表伊斯兰教规祷告和斋戒）的手表；为贵妇定制表面有12克拉钻石、表带镶有36颗钻石的手表，售价70万瑞士法郎；为喜欢猎奇的人生产用天然陨石琢磨成壳的手表；为喜欢博彩的人生产背面是赌场轮盘的手表。此外，为纪念宇航员登陆月球成功35周年，欧米茄推出了超霸阿波罗月球表（Speedmaster Apollo 15），以第一次登陆月球的欧米茄表为蓝本，并融入新的设计元素，限量生产1971只；围绕与之五度携手的

"007"电影,推出詹姆斯·邦德限量版(全球限量10007只)、海马系列"皇家赌场"限量版(全球限量5007只);2007年12月底,为了庆祝中国新年——鼠年的到来,斯沃琪品牌特别推出了2008中国新年特别款腕表,设计完全以可爱的小老鼠为主题,并以"精灵鼠来宝"(CUTE RATS)命名。腕表以白色、金色和红色为主色调,表带的上下两部分均绘制了三只红色卡通小老鼠的形象,表带上还饰有金色中国汉字"鼠"和"米";在北京2008奥运会之前,欧米茄为了庆祝品牌担任奥运官方正式计时的辉煌历史,欧米茄特别推出1932追针计时天文台怀表(限量300只)等。每一次个性化定制或者销量发售,欧米茄都将品牌个性和品牌故事注入推广和宣传环节,让人们重温美好的历史瞬间,并彰显个性化的品牌魅力。

谈到奢侈品营销时,欧米茄大中华区总裁卢克勤认为,"奢侈品并不仅仅需要满足消费者对于产品的功能性需求,消费者购买欧米茄这一类的奢侈品,更多的是为了寻求一种身份上的认同感。这代表着成就感、代表着自信、代表着个人的卓越"。在中国市场上,欧米茄将品牌的目标消费群定位于:年龄在20~50岁、事业有成、有文化知识底蕴但不事张扬、追求时尚、乐于享受的企业经营者和外企高级管理人员。从2001年在香港铜锣湾开设旗舰店开始,欧米茄大规模切入中国市场,其中一个重要原因就是看到中国在奢侈品消费方面所蕴涵的巨大市场潜力。

现在,欧米茄在瑞士钟表行业的产量只占4%,但是却牢牢掌控着高档表的市场,是全球销售量最佳的高档手表品牌。目前欧米茄已在中国设立了超过25家专卖店和20家旗舰店,其中在中国的旗舰店数量已经超过了其全球总量的半数。2007年8月6日,欧米茄宣布在北京开设3家自营旗舰店。其中东方广场店更是在规模上打破了欧米茄全球旗舰店的最大纪录。根据中华全国商业信息中心市场信息部2006年10月的统计数据,欧米茄在国内市场的市场份额超过25%,其销售额相当于位于其后的雷达(8.34%)、浪琴(7.72%)和劳力士(6.82%)三者之和。欧米茄手表在中国内地的年销售量为 1.5 万~2 万只,每年总销售额达 3 亿~4 亿元(以每款表平均售价 2 万元计算)。从 2002 年开始,欧米茄成功取代雷达成为中国市场进口手表销量冠军。目前,欧米茄在中国的销量已经在其全球市场上排名第一位。

品牌组合,多元化定位各有不同

很多跨国公司都拥有众多的产品品牌,如日化行业的宝洁、汽车行业的通用和饮料行业的可口可乐等。在这一系列产品品牌中,可能同属于一个产品类别,如何给各个品牌进行差别定位,避免各个品牌之间在同一细分市场过度竞争,也是母公司进行全球市场布局的战略要求。斯沃琪集团虽然正式成立于 1998 年,但是通过合并原先瑞士两大钟表集团以及随后并购的钟表品牌,集团形成了在同一产品线系列多品牌并存的运营架构,其中还拥有不少百年品牌,例如,天梭品牌(1853 年)拥有 150 年的历史,欧米茄品牌拥有 170 年的历史。我们从表 8-2 中,可以看到斯沃琪对旗下多品牌是如何进行差别定位的。

表 8-2　斯沃琪集团手表品牌组合

品牌类别	品牌名称
顶级品牌	宝珀(Blancpain)、宝玑(Breguet)和欧米茄(Omega)等
高端品牌	浪琴(Longines)和雷达(Rado)等
中端品牌	天梭(Tissot)、卡尔文·克莱恩(Calvin Klein)和米度(Mido)等
低端品牌	斯沃琪(Swatch)和飞菲(Flik Flak)等

"如果你想显示尊贵,就去买欧米茄;如果想来点运动感觉,就去买天梭;如果你想体现优雅,就去买浪琴,当然,你想天天换块手表,斯沃琪比较合适。"正是基于赋予各个手表品牌不同的品牌个性,保证了斯沃

琪集团能够满足不同目标消费群体对手表的差异化需求，表 8-3 显示出不同品牌所对应的差异化市场诉求。

表 8-3　斯沃琪集团手表品牌诉求

品牌名称	品牌诉求
宝珀（BLANCPAIN）	活着的艺术品、文化和艺术
欧米茄（OMEGA）	尊贵、气派、豪阔、高调、时髦
雷达（RADO）	永不磨损、高科技的象征
浪琴（LONGINES）	优雅轻灵、浪漫气质和优雅风范
卡尔文·克莱恩（CK）	中性酷感
天梭（TISSOT）	运动感觉
斯沃琪（SWATCH）	时髦、快乐、年轻和充满活力

在中国手表市场上，20 世纪 80 年代，大量来自日本、中国香港等国家和地区的石英表和电子表涌入市场，国产机械表行业遭遇到巨大冲击。进入 90 年代，瑞士手表凭借技术领先和品牌优势，在很大程度上抢占了中国高端机械表的市场份额。到 20 世纪 90 年代末期，瑞士手表品牌已经把中国中高端手表市场收入麾下。目前，斯沃琪集团下属的 18 个手表品牌，已经进入中国市场的包括欧米茄、雷达、浪琴、米度、天梭和斯沃琪等 14 个品牌。在斯沃琪集团的众多品牌中，除了欧米茄和米度品牌是在 19 世纪末或者 20 世纪初进入中国市场的，其他品牌都是在中国改革开放之后陆续被引进的。1979 年，雷达表分别在上海《文汇报》和上海电视台推出产品广告，是中国实行改革开放政策后第一家投放广告的外国企业。20 世纪 80 年代，雷达表在中国市场推出"永不磨损"的宣传诉求概念，开始走俏中国市场。1982 年，雷达表正式进入中国市场。在 2002 年之前，雷达表一直是中国市场进口手表的翘首，之后被斯沃琪集团的另一品牌欧米茄所替代。浪琴品牌于 1992 年进入中国市场，2003 年，浪琴手表在中国的销售量超过意大利和日本，中国市场成为全球第一大市场。天梭品牌于 1994 年正式进入中国市场，2006 年，天梭表在中国市场的销售量突破 20 万只，销售额超过 5 亿元，超越瑞士和意大利市场，中国市场成为天梭

品牌在全球最大的市场。2005年，顶级品牌宝玑进入中国市场，售价数十万元。此外，浪琴品牌为了开发中国市场，邀请刘嘉玲和郭富城等作为其品牌代言人，雷达品牌邀请费翔、斯沃琪品牌邀请李宇春作为其代言人，这些都是斯沃琪集团在中国市场上关注各个品牌细分市场的营销努力。从图8-2中，我们可以看出来自斯沃琪集团的手表品牌于2006年度在中国市场的杰出表现。

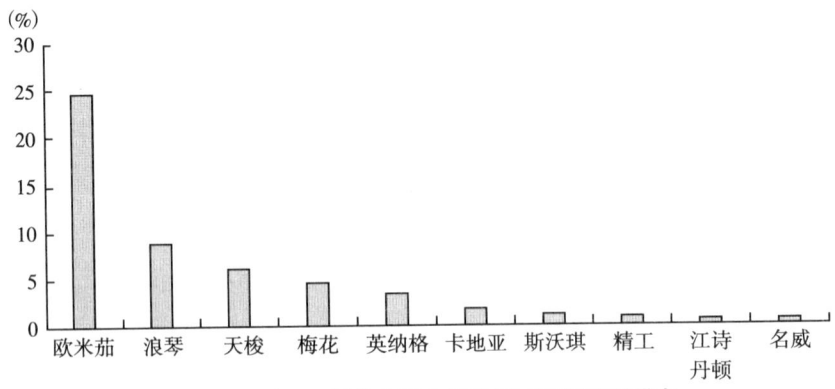

图8-2　2006年10月份中国市场进口手表销售量排名
资料来源：中国中标信息平台.百家商场（专卖）手表零售监测分析报告.

对于为集团做出突出贡献的手表品牌斯沃琪，虽然进入中国市场比较晚，但是也表现出强烈的进攻态势。早在1981年斯沃琪品牌诞生之时，纽约一家广告公司就赋予这一品牌丰富的品牌内涵。Swatch名字中的"S"不仅代表它的产地瑞士，而且还含有"Second Watch"即第二只表之意。综合起来，该品牌是告诉消费者在不同的场合应该去佩带不同款式、具有配衬装饰功能的正宗瑞士手表。就像斯沃琪的一个宣传口号所讲："你有第二座房子，为什么不拥有第二只手表？"在中国市场上，斯沃琪品牌始终关注年轻时尚消费群体不断更新的消费诉求，一方面邀请符合品牌特质的代言人来向市场传递品牌精神，另一方面还推出"能够讲述中国故事"的腕表产品来激发品牌和中国市场的共鸣。例如，2005年，李宇春成为斯沃琪品牌历史上首位中国地区形象大使，通过邀请当年最具时尚气息的超女冠军来向中国的年轻消费者推广求新、求变的时尚生活诉求。2007年9月，斯沃琪品牌还针对中国市场，以中国传统文化与艺术精髓为灵感来源推出了"龙跃福生、牡丹富贵、国家体育场鸟巢、玉兆吉祥、七巧板"等系列腕表，凸显其个性、时尚的"表"现魅力。

欧米茄品牌作为在中国市场上的"领头羊"，其每年的广告宣传费用超过1500万元，加上其他诸如公关活动、邮寄目录册和新品发布会等活动的费用，总的营销传播费用每年5000万元以上。2007年2月28日，在欧米茄最新的8500/8501型号机芯发布会上，欧米茄全球总裁欧科华（Stephen Urquhart）就介绍说："最近三年，瑞士手表向中国的出口都成倍增长，欧米茄约占中国高端手表市场的25%。"另外，根据瑞士联邦统计局最新统计资料显示，中国市场是瑞士中高档腕表出口全球市场中唯一一个年均增长率持续超过17.5%的市场。2008年，欧米茄被北京奥运会指定为官方计时器这一事件，也将再次推动欧米茄品牌在中国市场的更优表现。

内外驱动，领跑卓越的时空未来

根据安永2005年的研究报告显示：中国已经成为全球第三大奢侈品消费国，相关奢侈品的市场年销售额达20多亿美元，当年增长率达70%，远高于当时增长率第二的印度市场和全球平均水平。预计到2015年，中国市场的奢侈品销售额将达115亿美元，届时中国将取代日本成为全球第二大奢侈品消费国。来自瑞士斯沃琪集团的众多卓越品牌作为奢侈品的一个重要组成部分，伴随中国经济的增长和新富阶层的不断壮大，将为集团提供更为坚实的消费动力。

此外，中国钟表市场逐渐对外开放的进程，也为斯沃琪集团业务在中国市场的"攻城略地"提供了有利的外部政策环境。中国政府对于进口手表的政策也经历了由紧到松的过程。1981年，我国进口机械表的关税是180%，石英电子表的进口关税是110%。之后，关税经过多次下调，进口机械表和进口电子表的关税均有大幅度下调。2003年1月1日，中国政府取消手表进口的配额管理，转向自动进口许可证管理。自2005年1月1日起，我国进口手表关税又从原来的28%下调至11%。2006年4月，中国对进口高档奢侈品手表开始加征20%的消费税。2006年，中国进口国外机械表数量为60万只，总金额达29868万美元；电子表进口量为1850万只，金额为27394万美元。另据中华全国商业资讯中心2007年4月的调查显示，在零售量方面，国产手表和进口手表分别占55.21%和44.79%，但在零售额方面，国产手表和进口手表分别占12.68%和87.32%。总体来讲，在中国手表市场，进口表的销售额所占比例超过80%，其中瑞士表就占进口表销售总额的80%，并且还呈现逐渐增长的势头。2006年度中国手表市场各大品牌的大致表现如表8-4~表8-6所示。

表8-4 2006年中国手表市场销售量前十位品牌

1	罗西尼（中国）
2	依波（中国）
3	天王（中国）
4	卡西欧（日本）
5	西铁城（日本）
6	飞亚达（中国）
7	斯沃琪（瑞士）
8	天梭（瑞士）
9	天海霸（中国）
10	浪琴（瑞士）

表8-5 2006年中国市场进口手表销售量前十位品牌

1	卡西欧（日本）
2	西铁城（日本）
3	斯沃琪（瑞士）
4	天梭（瑞士）
5	浪琴（瑞士）
6	英格纳（瑞士）
7	欧米茄（瑞士）
8	梅花（瑞士）
9	精工（日本）
10	雷达（瑞士）

表8-6　2006年中国手表市场销售额前十位品牌

1	欧米茄（瑞士）
2	雷达（瑞士）
3	浪琴（瑞士）
4	劳力士（瑞士）
5	天梭（瑞士）
6	帝舵（瑞士）
7	梅花（瑞士）
8	罗西尼（中国）
9	西铁城（日本）
10	英纳格（瑞士）

目前，在中国大陆市场上，国产和进口的手表品牌大约有200个，其中进口品牌60多个，其中包括欧米茄、雷达、浪琴、劳力士、天梭、帝舵、梅花、英纳格、西铁城等来自瑞士和日本的著名品牌；国产品牌有飞亚达、依波、罗西尼、天王、天海霸、宝时捷、精铁时等。其中，来自斯沃琪集团的手表品牌正是中国手表中高端市场的强兵劲旅。

通过以上的排名对比，我们可以看出，国产品牌飞亚达、依波、罗西尼、天王和天海霸等品牌和来自日本的卡西欧、西铁城和精工等品牌虽然在销售量上占据优势，但是销售额上却远远落在瑞士手表的后面，其中2006年中国手表市场销售额前十位品牌中，有8个品牌来自瑞士，这8个瑞士品牌中又有4个来自斯沃琪集团，且排名在前5位。另外在中国市场，虽然在品牌组合中斯沃琪和飞菲（Flik Flak）等被定位为低端品牌，但是与飞亚达、依波等国内手表品牌和卡西欧等日本手表品牌的价格定位相比较，它们主要是面向中高端市场的消费人群。由此可以看出，斯沃琪集团旗下品牌在中国中高端手表市场具有垄断性的竞争能力。进口配额的取消和进口关税的逐渐降低，中国消费者购买能力的增强，都为斯沃琪集团将更多的品牌导入中国市场提供了良好的外部环境和消费驱动，而这个过程也使斯沃琪集团下属品牌陆续进入中国并发展壮大。

一款手表，如果超越了其简单的计时功能，使其成为人们品位和身份的象征符号，那么，用品牌的价值观念去向市场索取溢价就成为可能。瑞士斯沃琪集团正是由于一方面兼顾传统的精湛制表工艺，另一方面将现代艺术和灵性情感注入品牌当中，从而缔造出了一个"手腕上的钟表帝国"。企业经营者总是向往成就卓越的品牌，我们不妨从斯沃琪身上来寻找一些灵感，以帮助我们离卓越的品牌越来越近！

在英国饮料行业权威杂志《国际饮料》(Drinks International)公布的"2013年度全球最受尊敬50个葡萄酒品牌"(World's Most Admired Wine Brand 2013)，张裕位列其中，成为亚洲唯一入选的葡萄酒品牌。在本年度的榜单当中，除了包括拉菲、玛歌、罗曼尼康帝、白马等法国及其他旧世界名庄之外，来自新世界的26个品牌同时入围，其中智利的干露，澳大利亚的奔富、黄尾袋鼠，新西兰的云雾之湾，美国的蒙大维和中国的张裕等成为新兴的全球知名品牌。从1892年创建至今，张裕在横跨三个世纪之后，仍然保持着强大的市场号召力与品牌影响力。

张裕：百年品牌跨越"世纪挑战"

2013年3月，成都全国糖酒会上，张裕展出了最新出口型产品——Vini Panda系列，它的特别之处是以中国国宝——熊猫作为酒标，公司希望凭借该款系列新产品复制"黄尾袋鼠"在美国市场的成功，[①] 通过国家形象符号营销使顾客产生对来自中国葡萄酒的偏好。该系列葡萄酒产品已于2012年11月开始在欧洲销售，市场反应良好。那么，作为中国葡萄酒行业历史最为悠久的品牌企业，张裕究竟经历了一个什么样的发展历程，目前又处于什么样的竞争环境？本篇沿着张裕从1892年创立到2012年构建"全球酒庄群"的线路，借助百年张裕横跨三个世纪的成长轨迹，试图揭

---

① 黄尾袋鼠（Yellow Tail），出产于澳大利亚新南威尔士州的柯斯拉酒庄，是澳大利亚葡萄酒历史上最成功的品牌之一。"黄尾袋鼠"创造了一个简单的哲学——平易近人，新鲜而富有韵味，让每个人都可以轻松享受葡萄酒的魅力。2001年"黄尾袋鼠"初涉美国市场，当年全美销售量就达到了50万箱。之后，市场销量持续快速增长，2011年全美销售量在1200万箱左右。

示张裕品牌发展过程中"成长的烦恼",说明任何品牌要想实现跨越发展,必须不断经历"蜕变—重生"的过程,以呈现给读者一个本土老字号品牌的成长案例。

起步"老大哥"(1892~1989年)

张裕的创立缘起于19世纪清政府开展的"洋务运动"。1892年,张弼仕先生为了实现"实业报国"的理想,先后投资300万两白银在山东烟台投资创建"张裕酿酒公司",由此开立了中国葡萄酒工业化生产的先河。"裕"取"丰裕兴隆"之喻义,"张"取创始人之张姓,"张裕"由此得名。1914年,张裕"双麒麟"(或称"麟球"牌)牌葡萄酒和白兰地产品正式对外发售。之后,张裕陆续在上海、南昌、九江、汉口、苏州、蚌埠和重庆等地设立分售处或者待售处,另外还在中国香港、新加坡和马来西亚槟榔屿等通过自建或者搭售的方式来销售产品。张裕公司自创立之日起先后经历了晚清时期、民国时期、日本军国主义时期和国民政府时期,[①] 新中国成立之后,经过"三大改造",张裕公司被收归国有。

随着国家经济的复苏,中国葡萄酒行业的产量也从1949年的84吨(其中,在新中国成立前夕张裕公司的产量为26.4吨,公司的员工也只剩下5人)增长到了1989年的30万吨。从新中国成立到后来的改革开放,张裕逐渐形成了葡萄酒、白兰地、保健酒和香槟酒四个主要产品线,其中白兰地在市场上一枝独秀,在甜型葡萄酒业占据着相当的市场份额。其间,又有不少竞争者加入市场,其中包括天津王朝(1980年)、中粮集团

---

① 在此期间,国内还有其他的一些葡萄酒厂投入运营,如吉林通化葡萄酒厂、青岛美口酒厂和北京上义酒厂等。

的沙城长城（1983年）、青岛华东（1985年）和华夏长城（1988年）等。这些品牌与张裕一起构成了中国葡萄酒市场的竞争架构。

由于在品牌效应、酿酒技术和产能等方面具有了长期的积聚，张裕在这个阶段处在"老大哥"的位置。作为国家名酒，在此阶段，张裕对自己的产品没有销售权，好像也不需要销售，对外销售完全靠的是商业部门的调拨和调配，属于指令性生产性企业。张裕虽然也有销售人员，但更多地体现的是"被动销售"或者"自然销售"的局面。例如，20世纪80年代后期，张裕公司的销售人员不超过10个，更多的人在公司办公室坐着"开单子"。可以说在某种程度上，计划经济特定时期养成的管理惰性为张裕在即将来临的新竞争环境之下遭遇困境埋下了伏笔。

成就"老三强"（1990~2000年）

20世纪80年代末，国家停止了传统意义上的产品调拨，受到当时整个经济形势的影响，1989年末，张裕公司再一次陷入困境，6条生产线停了4条，库存和应收账款占到全年产销量的70%，当年亏损达到400万元。为了生存，在这个时期，张裕进入了一个由计划指令导向型向销售导向型转变的发展阶段。面对困境，张裕发起了要求几乎所有部门员工承担销售指标的"群体销售"模式，生产很快全面恢复。但是由于在强大销售的生存重压之下以及没有正规的销售队伍，[①]一方面没有严格的考核指标，另一方面销售人员素质参差不齐，也造成了大量的呆死账以及很多不规范的销售行为。[②] 在巨大的生存压力之下，张裕当时只将销售量作为考核指

---

① 当时的销售队伍主要由生产车间淘汰下来的人员组成，而这些人无论在知识层面还是销售经验层面都具有不可逾越的"短板"，将广告费"中饱私囊"、销售回访不及时、缺货、窜货，压货等短期行为非常严重。

② 当时公司的销售渠道几乎主要围绕的是国有的糖酒公司，而且采用的回款方式为赊销。

标，而对于能否回款或者给予多大的回款额度没有考核。列举一个简单的数据，到1994年的时候，张裕的销售额在2亿元左右，但是应收账款却达到了七八千万元。为此，之后对于市场上长期以来存在的销售"呆死账"，公司还专门成立了清欠部门，但由于时间长，公司和代理商人员频繁更换，还是造成不小的应收账款"石沉大海"的结果。可见在"群体销售"阶段所积压的问题对张裕在管理上造成的障碍和危害。

早在1987年，当时国家"三部一委"对中国酒类发展方向就提出了逐步实现"四个转变"的要求：高度酒向低度酒转变；蒸馏酒向发酵酒转变；粮食酒向果酒转变；普通酒向优质酒转变。这也为日后整个葡萄酒行业的发展提供了良好的政策环境。从1990年开始，中国国内市场逐渐兴起了"白兰地热"，成为继酒类行业"啤酒热"之后又一个浪潮，"人头马一开，好事自然来"也是从那个时候开始出现的。张裕抓住了这次机会，利用其白兰地产品在国内市场长期以来形成的品牌优势，迅速打开了白兰地的市场局面。而且，1993~1994年葡萄酒行业进入产品结构调整阶段，开始出现干酒（以干白为主），从1995年下半年开始，干红出现热销。沙城长城、王朝、华夏长城从1995年开始大批量生产干红，而干红逐渐取代了干白成为葡萄酒市场的主导产品形式。但是，当时在张裕内部几辈人传下一个说法，叫做"四不动"：历史上传下来的原料、工艺、品种和包装不能动，谁动了，谁就是历史的罪人，这也为张裕不能及时调整产品结构，推出干型产品设置了一定的障碍。为了进一步规范公司的销售业务，张裕于1991年组建销售公司（经销处由原先的10处扩充到1994年的37处）。而且在对于渠道成员的选择上，张裕逐渐和流通市场上不断涌现的民营企业建立合作关系。与传统国有糖酒公司不同的是，这些民营渠道成员在管理机制上更加灵活，并且体现出了较强的客户服务意识，张裕逐步扩大了民营企业在渠道成员中的比例。公司还提出"让利不让钱"的渠道管理宗旨，逐渐实行现款现货的销售政策，以保证公司资金的周转。为了保持区域市场的稳定发展，给予了各地经销处一定的赊销额度，但是，赊销所导致的欠款在总的销售收入中还占有很大比例。从 1995 年开始，张裕成立四个独立的酒业公司。张裕在此阶段主要遵循的是销售管理主导型的模式，并开始以通过招聘大学毕业生的方式来对销售队伍进行扩充，同时逐渐改良销售队伍的素质。但是销售总部对于全国各地经销处的业绩考核并没有将四个主要酒种分别对待，而是以总的销售额和回款额为主要考核指标。因此，虽然成立了四个独立酒业公司，但是并没有达到保持四个主要系列产品均衡发展的目标。[①]

也就是说，张裕在此阶段的主导产品依然是白兰地产品，葡萄酒虽然也是公司的一个主销品种，但比起白兰地来却只能起到"锦上添花"的作用。在白兰地市场形势一片大好，所形成的张裕白兰地销售一路领先的背景下，公司几乎将主要的精力都放到了白兰地市场上来，张裕葡萄酒、香槟酒和保健酒却呈现出一路下滑的局面，而且没有根据市场趋势及时调整自身的产品结构，结果，张裕干酒的生产和销售与第一梯队的竞争对手拉开了距离。例如，1997 年，中国葡萄酒行业干酒的产量已经接近 7 万多吨，其中，王朝干酒实现销售量 1.58 万吨，沙城长城干酒也达到甚至超过了王朝的水平，而同期张裕干酒销量仅仅为 3800 吨。

但是，在"白兰地热"和"干红热"两个消费热潮的带动下，张裕还是借助百年老字号的"金字招牌"（"传奇品质，百年张裕"也是公司一直以来的宣传口号），在全国范围之内建立分销渠道，由原先的"坐商"向"行商"转变，在市场上与长城和王朝形成"三驾马车"并驾齐驱的竞争局面，俗称葡萄酒"老三强"。而且，张裕凭借白兰地、葡萄酒、香槟酒和保

[①] 原先公司分别对葡萄酒、白兰地、香槟酒和保健酒 4 个酒种独立考核。2012 年上半年，张裕进一步深化了各酒种体系的建设工作，健全了三个独立的酒种体系。在全国范围内形成了葡萄酒、白兰地和代理进口酒三个酒种独立的预算、考核和营销体系，分别负责相关酒种的研发和营销工作。

健酒的综合实力,稳居行业前三甲的头把交椅。[①] 到 1998 年的时候,张裕葡萄酒和白兰地的销售收入分别为 3.21 亿元和 2.04 亿元,分别占销售总额的 56.4%和 35.9%,可以看出这个时候葡萄酒逐渐成为张裕公司的重要收入来源,但是由于先期没有及时调整产品结构,葡萄酒产品主要以低档甜型酒为主。而长城和王朝逐渐建立起了以餐饮酒店为主要销售终端的分销渠道,并在许多区域市场形成了消费者对于他们干酒产品的强烈品牌认知。

在这个浪潮中,又一批葡萄酒企业相继成立,加入了市场争夺的行列,这些葡萄酒企业后来都发展成为中国葡萄酒行业举足轻重的品牌。例如,烟台威龙(1994 年)、云南红(1997年)、中粮集团·烟台长城(1998年)和新天(1998 年)等。在没有及时发现市场机会的情况之下,张裕痛失在干酒系列产品上建立竞争优势的机会,并且还要受到多个具有"灵敏反应速度"竞争对手的夹击,作为老牌国企,张裕在品牌的光环之下,显露出来却是在管理机制、用人制度和分配制度等方面的困惑。

布局"高端化"(2001 年至今)

可以这样说,正是干酒将中国葡萄酒行业带上了良性的增长轨道,行业也开始经历又一个质的飞跃。2001 年,张裕公司的总销量达到了 5 万吨,其中张裕·解百纳干红实现销售量2000 吨,加上普通品种干酒总销量不到 2 万吨。而此时,中粮集团旗下的 3 家长城的总销量已经达到了 5 万吨,而且几乎全部是干酒。在当时,中粮长城已经成为了中国葡萄酒市场的"巨无霸",并且在许多市场形成了对张裕的强大品牌竞争压力,并且

[①] 截至 2011 年底,张裕葡萄酒、白兰地、香槟酒和保健酒占主营收入比例分别为 82.41%、12.57%、0.63%、2.07%。

其他的竞争对手如王朝、新天、云南红、威龙、白洋河、华东和通化等在高端市场上也显示出咄咄逼人的进攻态势。要想保持持续竞争优势，张裕急需提升品牌在高端市场的影响力，并对市场进行深度开发。

为了对市场进行更有效的开发和控制（尤其是干酒市场），2001年开始，张裕着手对分销渠道再次进行变革，简称"三级营销体系"，即销售公司总部（决策中心）—分公司（指挥中心）—办事处（执行中心），而且公司将广告费用的投入产出比、回款额度、各个酒种销售比例、高低端产品销售比例、终端铺货率和市场占有率等指标纳入了销售分公司、经销处和办事处的考核体系，张裕也逐渐从销售管理导向型模式逐渐向营销导向型模式转变。还在重点市场的销售系统内设立酒店营销部，专攻即饮渠道，[①] 以改变公司干酒销售不甚理想的局面。通过加强对销售队伍和销售渠道的科学合理调整，张裕进入了一个营销管理新阶段，即在保持白兰地传统优势的前提下，逐渐扭转高端产品销售不利的劣势局面。但是一直以来，张裕奉行以商超路线（零售、礼盒销售）为主、餐饮终端为辅的分销路线。一贯的商场超市"大路货"产品结构，也使得张裕品牌的先期市场形象一直停留在"低端"层面。简而言之，除山东、福建省以外的红酒餐饮消费终端，干酒重度消费城市诸如北京、上海、广州、深圳和成都等区域的即饮渠道中，张裕干酒并不能成为消费者的被选品牌，张裕干红系列产品的竞争力远远落在了长城或者王朝之后，而即饮渠道如酒店、酒吧、KTV等正是高端葡萄酒的主要消费场所。因此，张裕干型产品要实现销量的全面提升，面临着前所未有的困难，这就需要公司除了要加强自身即饮渠道的建设之外，还需要进一步将原先的"甜酒"低端形象进行有效的提升。

因此，张裕在高端化进程中需要找到强有力的支撑点。这时，张裕·

[①] 即饮渠道主要包括星级酒店、大酒店、酒楼、夜总会、酒吧、歌舞厅等。

解百纳和张裕·卡斯特作为品牌高端化的两张王牌进入了张裕的视线。接下来，我们主要以"张裕·解百纳"和"张裕·卡斯特"为例，来分析张裕的品牌高端化营销战略。

2002年2月，张裕向国家商标局申请注册"解百纳"商标获得批准，并于4月获得商标注册证书，意即其他市场上的解百纳葡萄酒均为非法（当时市场上的主流葡萄酒品牌都将解百纳作为自己的高端产品）。出其不意的解百纳商标注册引发了极大的行业震动，后来在行业具有代表性企业的"抵制"之下，"解百纳"商标被撤销，之后进入司法诉讼阶段。[①] 该事件持续了将近两年的时间，张裕利用商标注册发生的争议，巧妙地将"解百纳其实是张裕公司的高端产品"的宣传融合到了整个事件当中。[②] 2001年9月，张裕与法国卡斯特集团签署合作协议，在烟台成立烟台张裕·卡斯特酒庄有限公司，高调宣布进入高端市场，也由此拉开了中国葡萄酒行业"酒庄运动"的序幕。而且，酒庄采取全新的销售模式——"整桶订购"，每桶250升（约合330瓶）的定制葡萄酒售价达到8万元。紧接着"中国第一个专业化酒庄"、"整桶订购·珍品私藏"、"中法合璧·传世之酿"等围绕张裕·卡斯特的媒体宣传也随即展开。在宣传重点上，也摒弃了以往"传奇品质，百年张裕"过于注重品牌历史宣讲的着眼点，而是通过解百纳和卡斯特两个副品牌为载体，重新向市场传播一种现代的、永葆活力的、成熟的和厚重的品牌形象。更为重要的是，张裕·卡斯特酒庄通过独特的定制化、个性化销售模式，直接切入的是葡萄酒市场的"超高端市场"，为自己开辟了新的"蓝海"市场。2006年，张裕·卡斯特酒庄在不足1000吨

---

①.2010年12月及2011年1月，争议各方在国家工商行政管理总局商标评审委员会调解下，分别达成调解协议，张裕集团拥有"解百纳"商标，张裕集团许可长城、王朝、威龙三家企业使用"解百纳"商标，其他葡萄酒企业（包括洋葡萄酒）使用"解百纳"商标均属侵权。

② 张裕通过给解百纳商标争议不断注入新的新闻元素来吸引媒体和消费者的眼球，如中国农学会葡萄分会、中国食品发酵标准化中心、中国食品工业协会等行业标准协会提供的佐证、宣讲解百纳开发历史、举办学术论证会、新闻发布会和新酒推介会等，持续对张裕·解百纳做了"自圆其说"的宣传。

张裕：百年品牌跨越"世纪挑战"

的限量产量规模上更是实现了 6992 万元的净利润（每吨酒的净利润为 5.8 万元），充分说明张裕"超高端"蓝海策略的成功。

2003~2005 年，张裕在中央电视台累计投入 7000 多万元的广告费，来宣传"张裕·解百纳"和"张裕·卡斯特"，借以烘托张裕品牌卓越性和个性化的高端形象。除了营销传播之外，张裕还进一步对在销售渠道上予以倾斜，公司将"张裕·解百纳"和"张裕·卡斯特"等高端产品作为即饮渠道的主打产品，并给予分公司大力的市场支持，并加大了对于即饮渠道成员的利益刺激，从而在整体上带动了原先干酒销售的不利局面。例如，通过设定最低批发价和零售价以保证渠道成员的利益，回收胶帽或者瓶塞给予酒店、酒吧等即饮渠道成员进一步的返利，来加强对于即饮渠道及其成员的管理和控制。就这样，张裕·解百纳和张裕·卡斯特在媒体上奉行"高举高打"策略，并强调了高端产品在即饮渠道的销售努力，一路前行，张裕品牌在行业内和消费市场受到了异乎寻常的关注。2007~2012 年，北京张裕爱斐堡国际酒庄、辽宁张裕黄金冰谷酒庄、[①]宁夏张裕摩塞尔十五世酒庄、新疆张裕巴保男爵酒庄、陕西张裕瑞那城堡酒庄等代表张裕新一轮高端品牌组合的酒庄群体陆续开业，张裕基本完成了在国内建设酒庄的战略布局。

此外，张裕和钓鱼台国宾馆与人民大会堂合作推出的联合品牌产品，[②]应用这些高端品牌来主打高端政务用酒市场。根据张裕品牌发展规划，在高端部分，"北京张裕爱斐堡国际酒庄"[③]将处于核心位置，是最关键的子品牌，而"钓鱼台·张裕解百纳"与"张裕·卡斯特酒庄"是其中的关键子品牌；"张裕·解百纳"继续在中高端品牌中发挥战略性作用。2006 年 3

[①] 张裕黄金冰谷冰酒上市的品种共分为黑钻级、蓝钻级和金钻级三个级别，作为"液体黄金"的冰酒又将成为张裕完善高端市场布局的一个重要战略举措。
[②] 主要包括"钓鱼台·张裕解百纳"、"钓鱼台·张裕蛇龙珠"、"人民大会堂·张裕解百纳"等。
[③] 2005 年开始投入建设，定位高于张裕·卡斯特酒庄。

月，张裕宣布停止生产零售价格在15元以下的葡萄酒产品，将进一步推出中高档的甜型产品。

从2001年以来，通过建立和健全三级分销体系，张裕构筑起了一张庞大而有效的分销渠道网络。在三级体系管理上，张裕采用统分结合模式，即在充分保证公司对市场的"领导统一、业务统一、物流统一（设立中心库存和异地库）、管理统一"的前提下，分公司对业务流程的物流、资金流有计划、建议、否决权，无直接管理权，分公司主要负责总部布置的市场调查分析、渠道管理、产品促销、网络建设、品牌策略等工作。目前，张裕拥有遍布全国29个省、自治区和直辖市的销售网络，3074名销售人员，[①] 5300余家经销商，下设37家区域性营销管理公司、496个经销处和6个"类直销"渠道。这张网络为今后张裕品牌和产品的扩展和扩张铺就了坚实和顺畅的渠道基础。

通过找到品牌高端化的有效着力点，加强张裕品牌在各种媒体上的宣传和推广力度，借助强大的分销系统，并对分销系统中零售和即饮两种渠道的有效平衡，张裕成功地转变了以前"一条腿走路"的渠道畸形局面。[②] 我们可以从以下的事例中体会到张裕在品牌高端化道路上取得的成绩。受原材料成本上涨的压力，在2006年元旦之后不久，张裕对包括普通干红及解百纳、卡斯特等中高档系列产品进行了提价，涨幅接近10%。张裕在销售旺季反其道而行之进行涨价，被认为是一着险棋，主要的竞争对手也并没有跟进。但是涨价非但没有影响公司产品的销售，而且还取得了良好的业绩增长，充分说明张裕已经在高端市场上奠定了比较牢固的品牌根基。2010年度，张裕A葡萄酒收入实现40.69亿元，同比增长20.04%，毛利率上升3.59%，主要归因于爱斐堡（营业收入1.78亿元，净利润2346万

---

① 截至2012年上半年，张裕拥有生产人员1686人、销售人员3074人、技术人员115人、行政人员155人、财务人员112人。

② 即原来的产品分销渠道：零售渠道强、低端产品强；即饮渠道弱、高端产品弱。

元)、冰酒(营业收入 8382 万元,净利润 198 万元)和解百纳等 400~700 元中高端产品销售占比的逐年提高。

2010 年 1 月,"烟台张裕国际葡萄酒研发与制造中心项目"启动仪式在烟台举行。根据规划,该中心建设将历时 5 年,总投资 60 亿元,将进一步实现 25 万吨葡萄酒和 15 万吨白兰地的产能,也将成为集研发、制造与生态旅游等多功能于一体的葡萄酒研发制造基地。此外,2010 年张裕还分别启动了其在新疆石河子市、宁夏贺兰山东麓与陕西咸阳市等地的 3 个酒庄建设项目。[①] 这一系列的运营投入一方面丰富了张裕的高端产品组合,另一方面也极大地提升了公司的利润,如表 9-1 所示。

表 9-1 2011 年度张裕公司主要经营指标

项 目	营业收入(万元)	毛利率(%)	收入占比(%)
葡萄酒	496715.00	79.25	82.41
白兰地	75752.00	62.14	12.57
保健酒	12479.00	67.53	2.07
香槟酒	3805.00	54.85	0.63
其 他	14003.92	54.06	2.32

资料来源:张裕 A 2011 年度报告。

近年来,张裕围绕"以葡萄酒为主,多酒种全面发展;以中高档产品为主,高中低档全面推进"的发展战略,倡导"细分市场,分类营销"的差异化营销策略,并进一步加强营销渠道建设。[②] 原先,张裕采用单一品牌

[①] 张裕西部三大酒庄定位:集葡萄种植、葡萄酒生产、研发、生态旅游、文化展示等为一体的综合功能酒庄。分别为:宁夏张裕摩塞尔十五世酒庄、新疆张裕巴保男爵酒庄、陕西张裕瑞那城堡酒庄。

[②] 2012 年初,张裕为了加快四大酒种产业的发展,在"细分市场,分类营销"战略的指导下,集团公司层面成立了葡萄酒销售公司、白兰地销售公司、医药保健酒销售公司和先锋国际酒业公司,分别独立开展业务。2013 年开始,公司从原来区分商超、流通、酒店、夜场四类渠道改为市区中高档体系经销商、市区中低档体系经销商和市区非直供经销商三种。其中,在中高档经销商的体系建立中对百年酒窖、卡斯特、爱斐堡、黄金冰谷、摩塞尔十五世、巴保男爵、瑞那城堡等七大高端品牌各自建立经销商体系。中高档产品经销商体系可销售部分普通酒,但必须以销售酒庄酒及中档酒为主。而中低档产品经销商体系的经销商,不允许销售酒庄酒。

方式（即企业品牌与产品品牌相同）的策略来推广公司旗下的产品系列。但是，在市场碎片化和消费多极化趋势影响下，通过同一品牌来涵盖中高低端全线葡萄酒产品系列所带来的营销挑战也越来越大。在此背景下，张裕启用了多品牌发展战略（即中高低端产品通过不同子品牌实现市场区隔），如图 9-1 所示。目前，百年酒窖、爱斐堡、黄金冰谷、解百纳和麟球等均已成为张裕针对不同目标市场的注册商标。

```
                         张裕
                      产品品牌组合
    ┌──────────┬──────────┼──────────┬──────────┐
 张裕·百年酒窖  张裕·爱斐堡  张裕·黄金冰谷  张裕·解百纳  张裕·麟球
 （超高端市场） （高端市场） （高端市场） （中端市场） （低端市场）
```

图 9-1　张裕子品牌组合

通过持续的品牌高端化努力，张裕取得了显著的经营业绩，并将长城、王朝等竞争对手远远甩在身后。张裕近十年的经营业绩如图 9-2 所示。2010 年，烟台张裕集团有限公司实现销售收入 103.3 亿元，利税 30 亿元，缴纳税金 15.1 亿元。2012年，张裕 A 实现营业收入 56.2 亿元，净

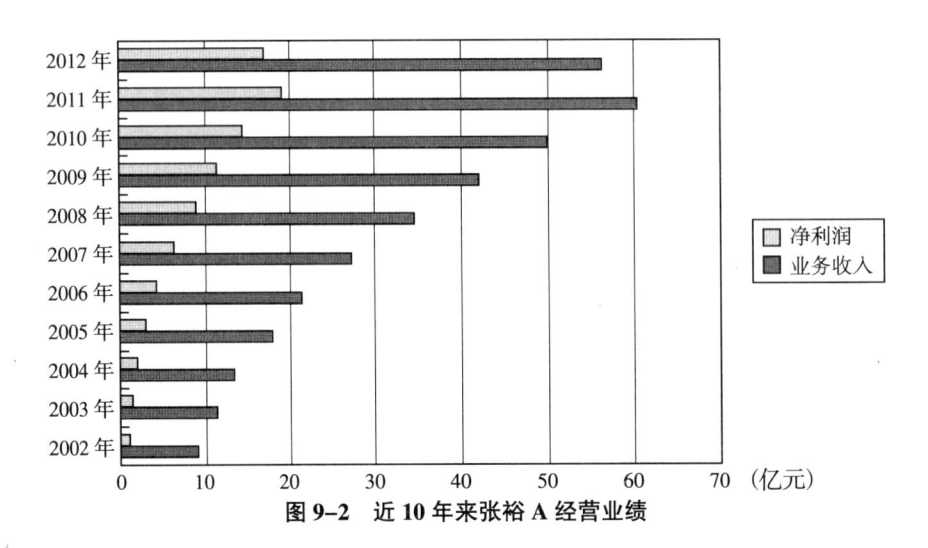

图 9-2　近 10 年来张裕 A 经营业绩

利润 16.95 亿元。现今，张裕的净利润大约为长城与王朝之和的两倍，成为中国葡萄酒行业绝对的领导品牌。

开启"国际化"（2001年至今）

中国葡萄酒行业的快速发展和巨大的市场潜力同时也吸引了国外葡萄酒企业的目光，他们纷纷以各种方式进入中国市场。例如，西班牙菲尼斯酒业、法国人头马集团旗下的皇轩品牌葡萄酒和"葡萄酒王"美国嘉露（GALLO）酒庄加州乐事干红陆续登陆上海；法国柔茜红葡萄酒中国营销中心在山东成立；龙徽公司成为澳大利亚哈迪酿酒公司在中国的总经销；法国MAAF集团旗下专业葡萄酒公司Savour Club Asia（中文名字"品醴汇"）在北京成立等。世界范围内几乎所有主流的葡萄酒生产国都通过合资、合作、独资或者原酒出口的方式直接或者间接进入中国市场。

目前，进口葡萄酒在中国市场上占到了将近25%的市场份额。国际化的市场要求包括张裕在内的中国品牌以一种全新的思维方式来看待葡萄酒市场，将自己置身于全球化的市场背景之下才是企业的必由之路，无疑，在国际市场进行强有力的开拓和维护成为张裕在国际化市场竞争环境之下的必然选择。为此，张裕除了采用严格先进的产品质量管理手段之外，还将公司高层人员的"再充电"以及销售队伍的培训纳入了整个公司的人力资源规划之中，与国内甚至国际著名机构或者院校等研究机构建立长期的高端人才培养合作项目（目前公司大多数副总以上的高层管理人员具有博士、硕士或者MBA学历），并邀请国内著名策划机构、知名学府知名学者以及市场营销专家对于销售人员进行定期或者不定期的年度培训，以期培养员工更加国际化、开放性和前瞻性的品牌战略与营销执行观念。

张裕总经理周洪江谈道，"当前中国的市场已经是国际市场的一部分，即使不出国门也要参与国际竞争。张裕品牌在中国市场与海外品牌公平竞争，同时也与海外著名葡萄酒企业进行合作，实行强强联合，共享技术、市场，从而加速国际化。因此，张裕的视野应该是国际化的。"从2001年开始以张裕·卡斯特为起点，张裕通过与国外企业一系列的合资或者合作，逐渐使自己的团队、技术、资本和市场等方面朝着更高的一个阶段发展。例如，2006年3月，成立烟台张裕先锋国际酒业公司；①2006年6月，张裕与法国法拉宾干邑公司签署合作协议发力白兰地高端市场；②2006年9月，张裕与加拿大奥罗丝冰酒有限公司签署协议来共同开拓国内冰酒市场。③2006年12月，张裕与新西兰凯里凯利酒庄推出联合品牌"新西兰张裕凯利酒庄"，2007年6月，融合中国、法国、美国、意大利、葡萄牙五国资本和技术为一体的张裕"北京爱斐堡国际酒庄"正式开业。

2009年9月，张裕宣布成立拥有七大顶级酒庄品牌的"张裕国际酒庄联盟"，引入法国波尔多拉颂酒庄、法国勃艮第斐拉帝酒庄、意大利西西里张裕先锋酒庄等三大成员的产品联盟，如图9-3所示。根据协议，张裕代理国外三大酒庄的六款葡萄酒，这些酒进入中国虽然是原瓶引进，但会标

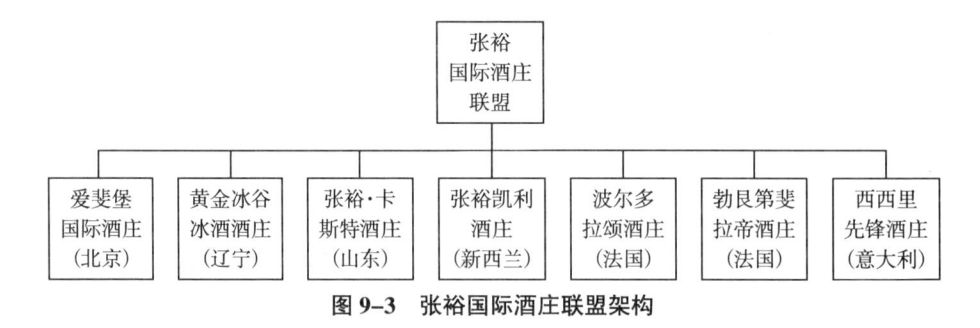

图9-3 张裕国际酒庄联盟架构

---

① 代理来自法国、英国、西班牙、澳大利亚等世界各地的名酒，包括白兰地、威士忌、葡萄酒、冰酒等走高端路线的品种。
② 法拉宾为张裕白兰地提供全面技术支持，而张裕先锋国际酒业成为法拉宾公司所有白兰地产品在中国大陆以及免税市场的独家代理和经销商。
③ 冰酒为葡萄酒高端产品的一个分支，双方共同在辽宁省东部桓龙湖畔打造全球最大的冰酒酒庄。

有"张裕专业推荐"等统一标识。张裕力求完成在世界所有优质产区的酒庄布局,将"国际酒庄联盟"发展为横跨新旧世界的巨型酒庄航母,与国外竞争对手共同拓展中国葡萄酒高端市场。而"国际酒庄联盟"也将逐渐成为张裕向分销渠道成员提供企业品牌背书功能、降低消费者选购时间成本的服务品牌。此外,张裕未来五年计划建立30座酒庄,形成全球最大的酒庄群,继续布局高端市场。2012年度,张裕进口酒业务实现6980万元的销售额,同比增长超过了100%。

张裕集团继2007年首次跻身全球葡萄酒企业十强之后,2008年又以8.9亿美元的销售额上升至第七位。2010年张裕集团以15.6亿美元进入世界葡萄酒前四强,如表9-2所示。对于海外业务,张裕通过三种途径来拓展国际市场,即直接出口形式、合作伙伴、联合品牌或者直接收购等方式。张裕将首先在以东南亚为主的亚洲市场以及澳大利亚市场上寻求突破,然后打入欧洲、美国等成熟的国际市场,并在澳大利亚和法国收购当地葡萄酒庄。品牌国际化,究其产生的根本原因在于需求的国际转移。就像围城一样,国外的葡萄酒要进来,中国的葡萄酒想出去。但是,相比国外主要葡萄酒生产国的行业发展程度,中国葡萄酒行业的"稚嫩"阶段主要体现

表9-2 2008年度全球葡萄酒10强企业排名

单位:百万美元

排 名	公司名称	年度销售额
1	Constellation Brands(美国星座集团)	3358.8
2	E&J Gallo(美国嘉露集团)	3080.0
3	Foster's Group(澳大利亚福斯特集团)	1667.9
4	Pernod Ricard(法国保乐力加集团)	1587.6
5	Castel-Freres(法国卡斯特集团)	980.0
6	The Wine Group(美国葡萄酒集团)	910.0
7	Changyu(中国张裕集团)	890.0
8	Diageo(英国帝亚吉欧集团)	868.8
9	Grand Chais de France(法国吉赛福集团)	830.0
10	Conchay Toro(智利甘露集团)	520.0

资料来源:英国佳纳地亚(Canadean)公司.2008年饮料市场研究报告.

在标准不严格、品牌影响力不足、市场消费文化不发达等方面。

对此，张裕总经理周洪江在接受媒体采访时这样表示："国际葡萄酒第一、二名的年销售额都在 20 亿美元以上，我们还离得比较远。英国佳纳地亚调研公司目前说张裕排在全球第五，但我们按国际标准，劳动生产率和管理水平还远远没有达到，此外，葡萄的原料质量对企业提升也起到决定性作用。以前我们的重心都在市场上，现在我们和抓市场一样抓原料、抓质量。我们现在的目标是五年内冲击第一阵营。"葡萄酒产品是从欧美传过来的成熟产品，中国品牌想要走出去，其实依靠的还是中国文化，因此，百年老字号品牌的国际化实际上是一种中国文化的国际化过程。中国的历史文化、酒文化等都是张裕可以应用的宝贵资源。更为重要的是，张裕品牌所要富含的中华文化还要能够与国际目标市场的当地文化产生共鸣。这样，既保持了独特性，还体现了融合性。

另外，张裕品牌能否代表中国文化，更确切地说它究竟代表了中国文化的哪些因素，这是企业首先需要回答的问题。对于国际市场的消费者来说，中国品牌究竟意味着什么？是古老、诚实、卓越还是时尚？只有在明确品牌诉求之后才能进行国际化之旅的下一步。更要紧的是，张裕需要在公司之内灌输和强调其新的经过"民营化"、"国际化"的价值观，并且培养或者引进一大批具有相同价值观以及相应素质的员工，才能使老字号的品牌之旅拥有进一步发展壮大的坚固基石。张裕总经理周洪江在接受《中外管理》杂志记者采访时，就曾谈到："作为一个管理者，对未来，我最担心的是公司的骨干和管理层团队发生大的流失，或者出现重大决策性失误。"这也从另一方面折射出百年张裕在高端化、民营化和国际化进程中所面临的企业价值观重塑的难题。

而要应对这一系列新的挑战，无论是在公司体制还是在管理模式上，都要求张裕具有全新的视角和策略安排。而随着国家对国有企业改制力度的加大，鼓励国有资产从非战略性产业中逐渐退出的浪潮，也为张裕提供了新的契机。2005年底张裕成功实现改制，公司由原先的国有大型企业，转变为具有中外合资企业和民营企业的双重身份。新董事会由9名董事组成，其中裕华投资委派4名，烟台市国资委委派1名，意利瓦公司委派3名，国际金融公司委派1名。改制的成功也为张裕进一步在管理制度、用人制度和分配制度的改革方面提供了制度保障。随着制度环境的变迁，公司治理也逐渐走向转型之路，也为建立科学、有效的企业经营者激励模式奠定了基础。[①]但是，百年历史在企业价值观、管理体制和市场反应等方面的沉淀与惯性，也不可能在短时间之内具有"颠覆性"的改变，这就要求张裕做好打持久战的战略思想准备。从某种意义上说，张裕的国际化道路可以说开启了百年企业新的"长征"。

张裕作为中国的百年老字号，其发展可谓一波三折，它见证了中国葡萄酒行业的成长历程。但是，不同时期具有迥异的市场竞争环境，在面临国内强势品牌以及国外品牌咄咄逼人的竞争压力之下，百年张裕需要在变化莫测的全球市场环境中不断调整自己的竞争策略，保持不断超越自己的勇气和智谋，这可以说是为公司的管理层提出了更高的、更负历史责任感的挑战。

[①] 制度环境作为一种企业不可控制的外部力量，最终决定企业所选择的制度安排效用，影响着企业权力的演进与治理模式的选择。经营者激励模式的实现要依靠业绩评价与激励机制两个方面，其中业绩评价是激励的前提和依据。激励方式主要包括选拔激励、控制权激励、薪酬激励和市场约束性激励等。张裕改制之后，实现了公司管理层控股，经营者在以市场业绩评价为考核导向的指引下，通过多种激励措施，持续地实现了业绩的增长。

"北齐宫廷酒,今日杏花村"、"借问酒家何处有,牧童遥指杏花村"。这些流传至今、家喻户晓的诗句,可以说是山西汾酒最为著名的广告词。汾酒,作为超越 1500 年的酒水品牌,工艺精湛,源远流长,是中国清香型白酒的典型代表,经历了"汾老大"和"老大汾"两个截然不同的经营阶段,其间贯穿的是汾酒"阵痛"和"涅槃"的品牌发展轨迹,而汾酒在这个过程中经历了不断调整自身战略,期望重归中国主流酒水品牌阵营的涅槃之旅。

汾酒:"中国酒魂"的品牌涅槃

2012 年 12 月 31 日,汾酒集团"汾"商标被国家工商总局商标局认定为"中国驰名商标"。自此,汾酒集团共拥有三枚"中国驰名商标",[1] 这标志着汾酒的品牌建设又跃升到了新的高度。也是在 2012 年,汾酒集团提前 3 年实现了"十二五"确定的百亿目标,当年的"汾老大"强势归来。汾酒,再次进入主流市场消费者的视线,而它一路走来,并没有我们想象得那么轻松。

---

[1] 截至 2012 年底,山西杏花村汾酒集团有限责任公司共拥有"杏花村"、"竹叶青"和"汾"三枚"中国驰名商标",国家工商总局商标局分别于 1997 年、2005 年认定"杏花村"和"竹叶青"为"中国驰名商标"。

山西汾酒，遭遇进化阵痛

山西汾阳县杏花村是中国古老的白酒原产地，唐朝时杏花村酿酒作坊达 70 多家。到了清代，杏花村酿酒作坊多达 200 多家，而其中的汾酒更是源远流长。早在 1500 年前的南北朝时期，汾酒作为宫廷御酒受到北齐武成帝的极力推崇，被载入《二十四史》；晚唐时期大诗人杜牧的千古绝唱："借问酒家何处有？牧童遥指杏花村"一直流传至今；1915 年，杏花村"义泉涌"酒作坊酿造的"老白汾"酒在美国巴拿马万国博览会上获得"甲等金质大奖章"；等等。这一系列的历史积淀和荣耀，都为汾酒奠定了坚实的品牌根基。1949 年，在"义泉涌"老字号酒作坊的基础上，国营杏花村汾酒厂正式成立，之后历届"全国评酒会"上，杏花村汾酒连续 5 次获得"全国名酒"称号。[①] 1985 年，汾酒成为全国最大的白酒生产商，全年产量突破 8000 吨，占当时全国 13 种名白酒产量的 50%。1987 年，当时杏花村汾酒在全国市场上有"四最"：年出口量最大（相当于全国其他名酒年出口量的总和）、名酒率最高、成本最低和得奖最多。1992 年，汾酒厂的销售收入达到了 5.38 亿元。从 1988 年到 1993 年，汾酒连续 6 年荣获全国轻工业最佳经济效益第一名，并于 1993 年成功上市，成为中国白酒行业"第一股"，汾酒成为业界名副其实的行业龙头，俗称"汾老大"。

机会总会眷顾那些有准备的人。从 1993 年开始，由于酿酒原材料价格上涨，汾酒、五粮液和茅台等历史名酒纷纷涨价，之后汾酒遵循"汾酒

---

① 新中国成立后，分别于 1952 年、1956 年、1963 年、1979 年和 1989 年举办了五届"全国评酒会"。除了汾酒之外，另外两家同时 5 次获"全国名酒"殊荣的白酒品牌是茅台和泸州老窖特曲。此外，在第二、第三、第四届"全国评酒会"上，汾酒公司的"竹叶青"获得了配制酒（含果露酒）品类的"全国名酒"称号。

是老百姓的名酒"的经营思路又把价格下调至原来的水平。五粮液在提高产品价格之后，在 1994 年进行产量控制，并注重对于酒水产品的包装提升（引入水晶包装）。通过在价格和包装等方面与其他名酒拉开距离，将自己定位为高端品牌，五粮液成功地实现了品牌区隔，其他品牌如茅台迅速跟进，汾酒还是延续"平民化名酒"的经营思路，并没有察觉行业正在经历大洗牌的调整阶段。1994 年，山西汾酒在中国白酒行业的老大地位被四川五粮液取而代之，1995 年，汾酒从行业第二的位置迅速下滑到第十。1998 年的"朔州假酒案"，以汾酒为首的山西酒类品牌由于没有成功进行危机公关，使得品牌失去了 70%的省外市场，汾酒在行业中的排名跌落到第 17 位，也成为了山西白酒在全国市场衰落的直接导火索。由于在战略调整和经营策略上的延迟和失误，与五粮液、茅台、剑南春和泸州老窖相比较，汾酒从先前行业的"汾老大"蜕变为处于挣扎状态的二线白酒强势品牌，被业界戏称为"老大汾"。

距今为止，汾酒告别中国白酒行业的"领头羊"位置已经足足 20 个年头。20 世纪 90 年代，汾酒从"汾老大"到"老大汾"的行业地位变化告诉我们，商业品牌只有迎接不同市场阶段为企业所提出的新挑战，才能保持持久的竞争优势。否则，随时都有可能被竞争对手超越。

重整旗鼓，实施战略调整

近年来，虽然汾酒销售额每年都在以 4 个亿左右的速度增长，但是在行业的名次一直徘徊在第四、第五名，我们可以看到汾酒作为具有悠久历史的中国著名白酒品牌所经历的"阵痛"和"蜕变"过程。接下来，我们将把目光投向汾酒在经历"汾老大"和"老大汾"两个截然不同的品牌发展阶段之后所做出的战略调整，以期待其品牌的主流回归。

如果说，汾酒在告别行业老大的竞争地位时，主要是由于其没有能够抓住产品向高端化调整、品牌向高端化进化的战略失误，那么从 2002 年以来，公司逐渐注重将产品结构向中高端调整。2002 年之后，汾酒公司在产品结构上做出了很大的调整，"推高端、重中端、缩低端"是贯穿其中的主线。目前，公司已经形成四条主要的产品推广线路，其中包括以国藏汾酒、青花瓷汾酒和中华汾酒等为代表的高端产品组合；以竹叶青为代表的中高端潜力产品系列；以老白汾酒为代表的中端产品系列和以普通玻璃瓶汾酒为代表的低端产品，如表 10-1 所示。

表 10-1　2011 年汾酒产品组合构成情况

产品系列	产品定位	销量（吨）	零售价
国藏汾酒	超高端	50	1000 元以上
青花瓷汾酒	中高端	1800	500~700 元
20 年老白汾	中高端	3000	300~350 元
10 年、15 年老白汾	中高端	9000	110~200 元
竹叶青	保健酒	5000	40~120 元
玻汾	低端	7000	40 元左右
杏花村	低端	4000	40 元左右

资料来源：平安证券研究所. 山西汾酒——变革中的老国企，2012-01-31.

国藏汾酒、青花瓷汾酒和中华汾酒等高端产品。为了改变汾酒在高端市场的产品缺位，2002 年公司推出高端产品青花瓷汾酒，开始进攻高端市场。2004 年汾酒进一步推出国藏汾酒，以期望进入茅台、五粮液、剑南春和泸州老窖等高端产品的竞争阵营。从 2010 年开始，青花瓷系列次高端产品取得了持续的高增长态势。仅在 2011 年上半年，以青花瓷 30 年为主导产品的青花瓷系列就实现了 8 亿元的销售收入，销量同比翻番。

竹叶青酒等中高端潜力产品。以汾酒为基础，加进竹叶、当归和砂仁等药材做香料调配而成的配置酒。竹叶青酒历史悠久，是国家名酒，也是国家卫生部认定的唯一中国保健名酒。2006 年汾酒调整了对竹叶青的销售策略，改变了先前与汾酒搭售的销售形式，把竹叶青作为集团旗下独立品牌来运作，当年竹叶青的销售收入为0.88亿元。2010年，汾酒集团进一步设立"山西杏花村竹叶青酒营销有限责任公司"，对竹叶青酒进行独立市场运作，来为公司提供新的利润增长点。继2011年竹叶青销售收入达到3亿元之后，2012年销售额将近5亿元。2012年5月，汾酒投资24.06亿元，实施建设周期为36个月的保健酒扩建项目，设计规模为年产6万吨的竹叶青和6万吨的汾酒，产能是现在的2倍。公司计划将竹叶青建设成为中国保健酒第一品牌，到2015年实现20亿元的销售收入。

老白汾等中端产品。从目前的汾酒产品结构来看，中端产品老白汾酒增长迅速，已经成为公司最大的收入和利润来源（销量占比超过50%），其中以20年老白汾和15年老白汾的增长最为突出。这充分说明汾酒产品结构调整已经初见成效，增量也呈现良好态势。公司将在确保老白汾等中端产品的前提下，积极推进国藏汾酒和青花瓷汾酒等高档产品。

玻汾等低端产品。鉴于公司集中精力主攻白酒中高端市场的战略布局，汾酒集团逐渐减少普通玻璃瓶装汾酒的产量，以降低"汾酒"品牌出现在低端产品上的几率，2007年，公司曾一度停止生产玻汾，计划用"酒如泉"新品牌来实现低端市场的品牌过渡，但由于玻汾在山西市场有深厚的消费基础，后又恢复生产此系列产品。

2002~2006年，通过调整产品结构、稳定价格体系与分销体系等措施，汾酒公司进入了增长的快车道，其中做出重要贡献的是公司中高档产品在市场上的良好表现，中高档产品占销售收入的比重接近75%。[①] 从2003年底开始，白酒行业的主流品牌都不断对价格作出上涨调整，汾酒也一改长期奉行的"质优价低"、"做老百姓喝得起的名酒"的定价原则，针对集团旗下名酒产品进行了数次全面提价，有的产品提价累计高达40%~50%。2005

---

① 在2006年的销售比重中，50元以下的酒占销售收入的27.79%，50~100元的酒销售收入的52.55%，100元以上的酒占销售收入比重的20.66%。

年，汾酒开始实施品牌创新战略，优化产品结构，加大中高档产品的市场开发力度，当年销售收入排名行业第五，利税第四，综合效益为行业第四。2009年全国糖酒商品交易会期间，汾酒集团董事长李秋喜进一步提出了"以青花瓷汾酒为主推产品，国藏汾酒为形象产品，老白汾酒为基础产品"的产品组合设计思路。也正是在这样的战略营销理念的指引下，汾酒在沉寂10年之后再次实现了高速的市场增长，如表10-2所示。

表10-2 近年来中国白酒行业代表性上市公司经营业绩

单位：亿元

	2007年		2008年		2009年		2010年		2011年	
	营业额	净利润	营业额	净利润	营业额	净利润	营业额	净利润	营业额	净利润
山西汾酒	18.47	3.60	15.85	2.45	21.43	3.55	30.17	4.94	44.88	7.81
泸州老窖	29.27	7.73	37.98	12.66	43.70	16.73	53.71	22.05	84.28	29.05
古井贡酒	12.01	0.34	14.65	0.33	13.42	1.40	18.79	3.14	33.08	5.66
五粮液	73.29	14.69	79.33	18.11	111.29	32.45	115.41	43.95	203.51	61.57
贵州茅台	72.37	28.31	82.42	37.99	96.70	43.12	116.33	50.51	184.02	87.63
洋河股份	17.62	3.75	26.82	7.43	40.02	12.54	76.19	22.05	127.41	40.21

注：按照企业上市时间排序，数据均来自相关上市公司历年年报。

目前，汾酒已经形成了高、中、低端并存的产品结构，从各类产品的发展阶段来看，中端产品老白汾酒属于成熟期，是公司目前销量最大的产品，也是公司目前最大的利润来源，次高端青花瓷汾酒虽然销量较少，但是利润已经远远超过普通玻汾，并有望在未来成为汾酒集团的另外一个强势利润增长点。而作为汾酒集团进入白酒"高端俱乐部"的国藏汾酒系列，还只是处于培育和开拓期。从公司的销售收入构成角度来看，老白汾占50%，国藏和青花瓷汾酒占30%，竹叶青、玻汾、杏花村等占20%。总体来看，汾酒的系列产品推广思路为：重点发展高端青花瓷汾酒，同时逐渐导入国藏汾酒，并将竹叶青酒作为公司下一步的战略推进对象，提高产品附加值继续向中高端发展，使品牌结构和整个产品线形成"以中高端为主，高中低端、高中低价兼顾"的框架体系。

高、中、低端产品体系的形成对汾酒的营销模式也提出了新的挑战。例如在2007年，汾酒对经销商开发的区域性产品进行了重新梳理，品类由300个缩减到120个，以强化汾酒品牌的纯洁度，降低品牌过度延伸对母品牌的稀释效应。近几年，汾酒逐渐改变原先粗放式的大经销商制，进而转变为"分区域、分步骤、分品种"的精细化分销渠道管理模式。2011年，汾酒公司进一步提出了新的营销管理模式，该营销管理模式的核心构架理念为"全品项区域化、全区域品项化"，即在划分销售区域的基础上，对分销渠道成员与产品品类实行分类管理，市场终端覆盖能力强、营销水平高的的经销商负责全区域的所有汾酒系列产品，而实力相对薄弱、能力尚缺乏的经销商负责全区域单品项或者全品项单区域的销售工作。针对"限酒令"等市场整风运动，汾酒提出要做好消费群体从政务消费向商务消费、大众消费转变的营销准备。

蓄势待发，期待品牌回归

1998年"朔州假酒案"殃及无辜的汾酒，使其丧失了70%的省外市场（1998年以前，以东北、华北、内蒙古为主的北方市场都是山西汾酒的优势市场），公司的年度净利润从上一年度的5169万元急剧下降到413万元。1999年开始，考虑到汾酒品牌在省外市场的启动艰难，公司将山西本土市场作为精耕细作的对象，公司进入了恢复调整期。经过三年的"休养生息"，到2002年，公司销售收入恢复到1998年之前的水平。也是从2002年开始，在保住山西本土80%的市场份额之后，汾酒重点对河南、河北和湖北等外围市场进行渗透和开发。

在这个过程中，汾酒也逐渐进行"巩固省内市场，拓展省外重点市场"的战略思路转变，立足山西市场，发展省外市场，尤其是中原、华北两大区域市场。凭借原先的市场基础、悠久的品牌历史文化和公司产品结构的调整，汾酒在外围市场尤其是河南、河北、内蒙古、湖北等地区，取得了大幅度的销售增长。到2005年，汾酒在省外市场（省外主要市场包括河南、河北、陕西和内蒙古、湖北等）销售额达4.8亿元，山西以外销售收入的比重达到45%。2006年，汾酒省内市场和省外市场分别实现8.59亿元和6.59亿元的销售收入。此外，汾酒的中高端产品系列也逐渐成为公司市场推广的重中之重，并取得了良好的业绩。①

之后，汾酒继续坚持"稳固发展省内市场、重点开拓潜力市场"的经营思路，根据重点品牌和重点区域，加大市场投入，省外市场份额得到逐步扩大。为了配合省外市场的战略扩张，汾酒还加大了品牌的营销传播费用，尤其是在全国性媒体上的投入。例如，仅在2007年，汾酒就在中央电视台投入6600万元的广告费用，进行了为期4个月新闻联播黄金时段的广告传播；在北京市场，对高端产品青花瓷汾酒的销售更是投入了5000万元的销售费用；在湖南市场投入1000万元，重点开发中端老白汾产品。当然，强大的广告宣传攻势也历来是白酒巨头们开拓市场、树立品牌的利器。2012年11月，"2013年中央电视台黄金资源广告招标"预售总额约158.81亿元。其中，剑南春、五粮液、茅台、汾酒等白酒巨头引领白酒行业共投入广告费用42.1亿元，占比超25%，是第二位饮料行业的近3倍，成为中标央视2013年黄金时段最多的行业。包括整点新闻和新闻联播在内，剑南春、五粮液、茅台、汾酒四家酒类企业累计花费17.22亿元，其中剑南春以6.08亿元中标整点新闻报时组合六个时段中的四个时段，成为本届标王。

总的来看，汾酒近几年在行业中的提速前进，也与其产品高端化和全

---

① 2011年，汾酒公司中高端产品全面发力。2011年公司共销售白酒约3万吨。其中，次高端产品青花瓷1800~1900吨，增长了近45%；中端产品老白汾14000吨，增长了约55%；低端产品玻汾4000~5000吨，比2010年略有下降。杏花村酒销售2000~3000吨；竹叶青4000吨，销售额达到3亿元。银基代理的高端产品如55度经典国藏汾酒和40年青花瓷销售额约几千万元。

国市场布局息息相关。截至2012年底,汾酒省内市场与省外市场收入比例大致为6:4,显示出公司省外扩张战略进展顺利,其中销售贡献较大的区域包括山西、北京、陕西、内蒙古、河北、天津、河南、广东等华北、华南和中部地区。根据山西汾酒2012年度报告显示,2012年公司省内营业收入37.06亿元,同比增长37.1%,占总销量的57.4%;省外营业收入27.36亿元,同比增长53.36%。此外,公司销售收入与净利润也获得了连续多年的快速增长,显示出了汾酒重新回归主流品牌的积极态势。当然,市场竞争的脚步并没有停止,其他白酒品牌也获得了长足的市场进化,如表10-3所示。汾酒要在真正意义上回归中国白酒主流市场,还要迎接新一轮的市场挑战。

表10-3 2012年度中国主流白酒上市公司业绩表现

	销量（万吨）	增长率（%）	营业收入（亿元）	增长率（%）	净利润（亿元）	增长率（%）
山西汾酒	3.99	32.94	64.79	44.35	13.27	70.05
泸州老窖	19.37	35.49	115.56	37.12	43.9	51.13
古井贡酒	5.45	46.9	41.97	26.88	7.26	28.11
五粮液	15.31	14.84	272.01	33.66	99.35	61.35
贵州茅台	2.57	21.12	264.6	43.76	133.1	51.86
洋河股份	21.65	0.07	172.7	35.55	61.5	53.05

资料来源:相关上市公司2012年年报。

山西杏花村一直被认为是中国酒文化的发祥地,中国现存名酒,也多从杏花村酒演化而来。"茅台酒之沿革及制造,在清朝咸丰以前,有山西盐商郭某,来茅台地方,仿照汾酒制法,用小麦为曲料,以高粱为原料,酿造一种烧酒;后经山西盐商宋某、毛某先后改良制法,以茅台为名,特称茅台酒。"(摘自1939年《贵州经济》)陕西的西凤酒也是"山西客户迁入,始创西凤酒"。可以说,汾酒是中国酒水市场上最具有文化底蕴的品牌之一,也是中国清香型白酒的典型代表。800年前,杏花村首创清香型白酒,并且随着晋商的脚步,把杏花村白酒技艺传播到了当时的20多个地区,奠定了中国白酒的基本格局。可以说，汾酒1500年的品牌文化积淀将是其实现品牌涅槃的核心资产之一。2010年底公司将以"国酒之源、清香之祖、文化之根"核心的汾酒文化凝聚成一个词——"中国酒魂"，这四个字也成为了汾酒的品牌信仰。根据汾酒公司"十二五文化战略规划"与"十二五营销战略规划"，公司将进一步深度挖掘汾酒、竹叶青、杏花村三大品牌的独特文化属性；在品牌传播方面，重点突出"汾酒——中国酒魂""汾酒——国际香型"两大主题。

2012年，山西杏花村汾酒集团实现销售收入107.33亿元，实现利税41.1亿元，主要经济指标是2009年的3倍，提前三年完成了"十二五"确定的百亿元销售目标。其中，股份公司——山西汾酒2012年实现营业收入64.79亿元，同比增长44.36%，实现净利润13.23亿元，同比增长69.45%。汾酒在全国市场拥有756家经销商，汾酒竹叶青专卖店发展到了731家。老白汾以上中高端产品销售收入占比达到90%以上，汾酒省外亿元以上市场达到9个，省外市场对汾酒公司的销售收入贡献率超过40%。[①]可以看出，原先的"汾老大"在经历一系列的品牌"阵痛"之后，逐渐崛起和回归主流品牌。现今，汾酒本着"国酒之源、清香之祖、文化之根"的战略定位和"清香汾酒、文化汾酒、绿色汾酒"的基本理念，将继续通过品牌文化基因挖掘、产品结构调整和分销渠道深度细分等手段来应对更为激烈的市场竞争。

---

① 2012年，青花瓷汾酒主导地位突出，省外销售贡献超过60%，成为公司的形象产品；竹叶青在省外市场实现了2.9亿元的销售收入。

从 1994 年至今，中粮集团连续 19 年位列《财富》世界 500 强企业之列。2012 年《财富》500 强榜单上，中粮集团以 281.9 亿美元的营业收入和 7.28 亿美元的利润，在世界 500 强中排名第 393 位。自从 2009 年初提出"全产业链"战略转型之后，中粮集团就开展了一系列的并购、整合与扩张行动，全力打造这艘中国粮油产品航母的立体产业链条。那么，中粮集团的全产业链战略转型将会给企业带来怎样的竞争优势，又会迎来怎样的管理挑战？

中粮：全产业链战略践行者

2013 年 3 月，中国华粮物流集团公司整体并入中粮集团有限公司，成为其全资子公司。华粮集团是国内最大的跨区域性粮食物流企业，合并华粮对于中粮来说，弥补了中粮集团在物流方面的"短板"。华粮集团的粮食收储、物流设施体系将纳入中粮集团的整体战略布局中，与中粮集团的"全产业链"战略通过优势协同实现结构性的完善和提升。

以食品为主线，构建立体产业生态链

现代企业之间的竞争，不仅仅是单个企业之间的对抗，而是围绕企业分别向上和向下延伸出的价值链条之间的整体比拼。因此，企业之间的竞争已经转化为由所有价值增值成员构成的商业生态系统之间的竞争。正如

《平台领导——英特尔、微软和思科如何推动行业创新》一书所揭示的那样:"未来的竞争不再是个体公司之间的竞赛,而是商业生态系统之间的对抗。"

企业在不同阶段需要制定相应的竞争策略,进而才能在市场上获得持久的竞争优势。目前,中粮集团所倡导的"全产业链"战略转型与其历史演变有着密切的联系。中粮集团创建于1952年,当时主要是起到维护国家粮油食品安全与储备调节的功能,以粮油食品进出口为主业。改革开放之后,随着粮食供给的平衡与中国市场机制的完善,中粮集团的职能也面临着转变。从1992年开始,中粮集团的主营业务开始由传统的贸易代理向粮油食品加工等领域转化,走向了多元化发展的道路。2006年,国资委批准中谷集团(主营粮食内贸)并入中粮集团,为中粮集团贯通大宗农产品供应链条提供了平台。现今,中粮集团旗下产业涉及的包括粮食贸易、粮食及农产品加工、生物能源、品牌食品、地产酒店、土畜产、包装和金融等在内的众多领域,也成为中国最大的综合型粮油食品企业。在国际化竞争的背景下,中粮集团逐渐完成了"粮油贸易企业——实业企业——全产业链企业"的企业战略转型。

目前,中粮已在小麦、玉米、油脂油料、稻米、大麦、糖和番茄、饲料和肉食等八个领域分别搭建起了相对完整的产业链条。但是,中粮在各个领域主要以原料提供商的角色来参与市场竞争。而根据中国加入世界贸易组织时的市场开放承诺协议,截至2008年,中国对粮食流通领域的过渡期已经结束,包括中粮集团在内的中国粮油食品企业将会面临更为激烈的中外市场竞争。而此时,ADM、[①] 嘉吉、[②] 邦吉[③] 和路易•达孚等著名跨国

[①] 美国阿彻丹尼尔斯米德兰公司(Archer Daniels Midland,ADM),是世界上最大的油菜籽、玉米和小麦加工企业之一,其大约2/3的收入来自对大豆、花生及其他油菜籽等的加工。

[②] 嘉吉公司(Cargill)系一家国际性的食品、农业及风险管理产品和服务的供应商,总部位于美国明尼苏达州。目前,嘉吉向中国销售谷物、油菜籽、钢产品、化肥、果汁、肉类和其他产品,同时从中国购买诸如玉米、钢铁和苹果汁等商品。

[③] 邦吉(Bunge Limited)是一家一体化的全球性农商与食品公司,创建于1818年,总部设在美国纽约州的White Plains。

粮商都已在全世界范围之内形成了全产业链模式（种植—加工—物流—贸易），并在不同程度上切入了中国粮油市场。因此，在新的竞争时期，中粮集团必须调整策略进行战略转型。

2009年初，中粮集团将全产业链的开发与建设确定为企业在新时期的竞争战略。根据规划，全产业链模式要求企业控制粮油产品"从田间到餐桌"需要经过的种植采购、贸易物流、食品原料和饲料原料、养殖屠宰、食品加工、分销物流、品牌推广和食品销售等各个环节。简言之，中粮集团不仅要做粮油产品原料的贸易商与提供商，还要从幕后走到台前向产业下游（如品牌营销、产品创新、渠道管理和市场运作等方面）发力，成为综合性的粮油食品运营商。

中粮集团董事长宁高宁在接受媒体采访时表示："集团将从业务出发，形成小麦、玉米、油脂油料、稻米、大麦、糖和番茄、饲料、肉食等八条产业链。"那么，其产业链条将会以什么样的形式出现在市场上？我们以中粮米业这一相对成熟的产业链条来举例说明。在大米行业，中粮稻米从选种、种植和加工等深度环节入手来保证产品质量，然后通过中粮直营店将品牌产品（如福临门牌小包装大米）销售给最终用户，这样就实现了一条"从田间到餐桌"全程覆盖的大米产业链。此外，要建成全产业链条，中粮集团还需要从横向和纵向两个方面同时下手——即产业链的长度与深度。中粮希望向普通消费者提供包括"酒、肉、面、油、米、饮料"等众多横向产品，而从每一个产品类别上来讲，企业还将对"原料、加工、包装、贸易"等环节进行深度控制。因此，中粮集团全产业链战略布局的成型将会构建起一个立体型的产业生态系统。

中粮全产业链战略模式可以分为两个层次：单一产业价值链[①]与多个

[①] 上下游之间在产品、服务和信息等环节的纵向一体化。

产业空间链。① 产业链是一个具有内在经济关联、相互依存的产业集合或者企业集群，它要求产业集合内部相互依存的各个业务单元之间通过共享与交换来实现交易成本降低和价值增值的经营目标。因此，中粮只有在单一产业链内部与多个产业链之间寻找价值增值关键点，以经营效率与产业循环为核心，资源配置为手段，才能构建一个健康、有序、互动的产业生态系统。这个难题需要中粮在产业链内部通过"实践—反馈—平衡—再造"不断磨合与调整，才能得到理想的答案。

以资本为手段，促升企业竞争新层次

企业在市场上最基本的竞争载体是产品，随着竞争升级，价格、渠道、传播、品牌、服务和资本等手段会被成熟企业逐渐采用，现代企业之间最高级的竞争手段就是通过资本运营来实现企业利润的最大化，并获得持久的竞争优势。通过资本来拓展业务进而提高企业的竞争能力，是各行业巨头应对竞争的有效手段。作为中国最大的粮油食品企业，中粮集团在打造全产业链条模式的过程中，也挥舞起了资本投资与并购的长袖。

综观世界粮油食品产业，包括 ADM（Archer Daniels Midland）、邦吉（Bunge）、嘉吉（Cargill）、路易·达孚（Louis Dreyfus）、卡夫（Kraft）和雀巢（Nestle）在内的跨国巨头无不是通过资本并购的手段来实现产业链条的构建。中粮的大规模并购始于 2004 年，之后包括深宝恒、华润生化、华润酒精、吉林燃料乙醇、丰原生化和新疆屯河等在内的企业陆续被收入中粮集团麾下。也正是通过历次的资本并购，中粮集团成为了中国粮油食品市场上名副其实的"巨无霸"。

---

① 不同产业链之间在物流、渠道、财务和品牌等环节的横向一体化。

步入 2009 年以来，中粮通过一系列的资本行动来夯实其向全产业链模式迈进的每一个脚步，如表 11-1 所示。在进入每一个细分价值创造链条时，中粮都要考虑其与现有业务是否互补，是否会对搭建全产业链条做出贡献。例如，在通过五谷道场进入方便面市场时，宁高宁就表示，"中粮集团在上游拥有很强的面粉加工能力，油脂、调味酱、香精香料等业务处于国内领先地位，希望通过上下游的协同，不断创新，为消费者奉献更多营养健康的食品"。此外，之所以要收购"万威客"这一终端肉食品牌，中粮主要是为了完善其在湖北武汉、天津和江苏东台等生猪养殖上游基地的终端产品销售网络。根据品牌定位，"家佳康"产品主要是生鲜肉和熟食肉制品，主攻普通消费者，"万威客"主要产品为西式低温肉制品，主要走高端路线；在成功拥有长城和君顶葡萄酒、塔牌黄酒等酒类产业之后，中粮希望通过收购知名白酒品牌来完善其酒水产业链条。2010 年 2 月 3 日，中粮集团与成都市人民政府签署了战略合作协议。根据协议，中粮

表 11-1　2009~2010 年中粮集团全产业链的构建

时　间	并购或投资对象	进入行业
2009 年 2 月	接管"五谷道场"	方便食品
2009 年 3 月	177 亿元建设生猪产业链	肉制品
2009 年 4 月	洽购陕西西凤酒业	白酒
2009 年 4 月	投资 40 亿元建设北方粮油综合基地（天津）	粮油
2009 年 5 月	重点出击小包装"福临门"大米市场	粮油
2009 年 6 月	投资 20 亿元发展新疆林果业	糖果
2009 年 6 月	推出"悦活"自有品牌	果汁
2009 年 7 月	联合厚朴基金收购蒙牛 20%股权	乳品
2009 年 8 月	"我买网"上线运营	B2C 电子商务
2009 年 11 月	中粮米业（大连）有限公司开业	粮油
2009 年 12 月	投资 7.74 亿元的现代粮食产业化基地项目开工（河南新乡）	粮油
2009 年 12 月	1.94 亿元收购万威客 100%股权	肉制品
2010 年 2 月	西部农业基地建设战略协议签订（陕西）	粮油
2010 年 2 月	洽购白酒杜康	白酒
2010 年 2 月	西南地区最大的粮油加工基地项目启动（四川成都）	粮油、白酒

集团将在成都投资兴建百万吨级的农产品综合加工基地，其中还包括金融、物流、科技研发、商业地产等项目，此举被认为是中粮全产业链战略在中国西南地区的重要布局。可见，通过资本投资或者并购的方式来进入下游品牌产品领域或者完善上游原料加工和物流业务，已经成为加快中粮集团全产业链战略布局的重要手段。

而对集团原有业务的整合和促进，中粮集团也一直是资本市场的熟练操盘手。中粮集团坚持将旗下业务成熟的子单元拆分上市，从而依托资本市场培养旗下企业的自我造血功能。目前，中粮集团旗下现有七家上市公司（中国食品、中粮控股、蒙牛乳业、中粮包装四家香港上市公司，中粮屯河、中粮地产和丰原生化三家内地上市公司）。正是通过资本市场的平台，中粮集团无须为旗下的业务子单元提供持续的资本支持，而让它们逐步成为能够自我完善和发展的独立运营体。

一家企业与对手之间的竞争角力，可以通过多种手段来实现。从竞争层次的递进来看，分别有产品竞争、品牌竞争与资本竞争等。依托资本优势展开竞争，可以帮助企业跨越简单的产品或者品牌竞争阶段而进入更高级的竞争层次。当然，并不是每一个企业都能够拥有资本竞争的资源和优势，只有那些处于成熟阶段、战略定位清晰和资本雄厚的企业才能够灵活应用资本手段来实现竞争的升级与跨域。中粮集团凭借资本优势加速全产业链战略转型的诸多战术行为，代表着企业已经迈向了商业竞争的新境界。

大规模的资本并购与投资行为可以完善企业的战略布局，但却要求收购企业在企业文化融合与管理输出方面具有强大的竞争力与执行力。在一次中粮内部会议上，宁高宁坦承："目前我们只是增长了规模，把负债比例提高了，一个瘦子变成了胖子。当然这个胖子不是通过他真正的骨骼和肌肉成长起来的，他的脂肪比较多，这是我们面临的问题。"可见，中粮集团在围绕"有限相关多元化、业务单元专业化"原则而采取的"急行军"式资本扩张过程中，亟待回答诸如"怎样提炼与加强企业的核心竞争力"

和"如何提升企业文化的承载力与包容力"等问题。只有这样，中粮集团才能游刃有余地管理和运营集团旗下的企业群和品牌群。

以协同为突破，实现集约式管控平台

按照中粮集团的战略规划，企业将用3~5年的时间来初步完成全产业链战略布局。那么，如果中粮按部就班地实现了这一战略转型，企业将会变成一个庞大的食品产业帝国。届时，中粮集团又会通过什么样的方式来将旗下众多产业链条"融会贯通"，以达到协同效应？也可以这么讲，未来的中粮集团是通过投资控股模式还是产业管理模式来管控全产业链业务子单元？而且，中粮认为：安全管理是全产业链的关键，要做好过程管控。全产业链条很长，这还将挑战企业的执行能力、管控能力和创新能力。可见，摆在中粮集团全产业链战略转型面前的还有一系列问题。

全产业链模式下，中粮集团给自己的新定位是：做最专业的农产品、食品生产商，做食品原料、食品产品和服务的提供商。要实现这一企业战略新定位，中粮需要在上游原料基地建设、加工以及下游产品开发、品牌传播和物流领域做更多的功课，其挑战不可谓不高。中粮不仅想成为食品产业链上游的粮油航母（面向工业市场，资本投资或者合作为主流形式），更想成长为面向消费者的食品巨人（面向消费市场，采取产品多品牌战略，为企业品牌提供背书），那么，它将在不同领域遭遇到相应的强悍对手。

依照宁高宁的管控构想，全产业链之下的"中粮系"发展模式应自下而上——根据产业链条下的各个独立业务单元发展需要，中粮集团承担现金来源和利益输送的使命。对此，中粮集团财务部总监王马军在接受媒体采访时这样表示："建立健康的母子公司关系，打通集团现金流，是集团财务目前面临的重要课题。母公司不应该也不可能一直给予子公司投资扶持，集团将出于战略考虑，依据回报率高低、现金流健康与否、战略协同程度，来调整集团资产布局。集团对任何一项业务的去留选择，都是动态的，在不同的发展时期，有一个不断变化的过程。"可见，中粮既是一个谨慎的财务投资人（不滥用资本来投资与全产业链建设不相关的领域，又注重产业链投资的回报比率），还是粮油食品实业帝国的践行者。而无论如何，投资控股模式将是中粮实现全产业链战略转型的重要手段。那么，中粮在实现产业链布局之后，将采用何种形式来管理新的业务单元？我们从中粮与蒙牛的合作形式中可见一斑。在入主蒙牛之后，中粮集团并没有直接介入被投资对象的日常管理，而是交由原有管理团队来打理乳品事业，因为公司认为，虽然进入乳品行业符合全产业链战略模式的推进，但是公司并不擅长具体业务的操控。

从 2009 年初至今，在全产业链战略推进一年的时间里，中粮集团也承认，全产业链上游环节比较大，下游环节比较小，上下游的衔接、关联与协作，是中粮面临的最大考验。例如，中粮就一直在考虑这个问题——产业链是按照品种区分还是按照功能区分，不同部门和环节之间如何协同，全产业链中价值实现的环节主要在哪里？在中粮集团的全产业链条模式下，各个产业链条之间将形成物流、人流、资金流和信息流的互动与协同，从而为整个企业带来最经济的产业集群效应，最终为产业链条的价值创造，为企业和整个集团提供强有力的竞争优势。可见，要实现上述战略目标，中粮集团需要以产业链协同为突破口，致力于打造一个集约式的管控平台。

中粮全产业链不仅是资产布局的"链"，同时也是组织架构系统运营的"链"，它要求企业在处理与众多产业单元相关的"人、事、物"过程中，充分发挥协同效应，进而提升企业整体竞争能力。因此，产业链的长度越深、广度越宽，对企业提出的管理挑战也将越大。只有让企业旗下各业务单元充分利用整体资源，共享采购、技术、生产、品牌、渠道、仓储、物流和服务，共担风险，高效配置人力资源，进而降低管理与运营成本，最终为市场提供卓越的综合服务与价值让渡。因此，能否搭建一个协同组织结构与业务运营平台，将是中粮全产业链战略转型过程中的最大挑战。

"产业链、好产品"，这是中粮集团在全产业链战略转型和推进过程中主打的企业品牌宣传口号。同时，它也显示出中粮向粮油食品综合运营商和服务商角色转变的坚定决心。任何企业都需要根据动态的市场环境来适时调整自身的竞争策略，才不至于被竞争对手所淘汰。中粮集团的全产业链战略转型，正是对新时期竞争环境的良好回应。它的发展路径和思考方向，代表着众多中国企业谋求强大市场地位以应对激烈国际竞争的态度与决心。勇敢面对挑战，积极调整竞争步调，将是企业突破自我、实现超越的唯一出路。

在中世纪的阿拉伯帝国，出身穷苦的阿里巴巴用一句"芝麻，开门"的咒语打开了宝藏之门，迎来了无穷财富。而在当今中国的电子商务市场上，正在上演着一场现代版的阿里巴巴神话，其主角就是马云创建的全球最大电子商务交易平台——阿里巴巴（中国）有限公司。根据雅虎向美国证券交易委员会（SEC）提交的文件显示，2011年9月至2012年9月的12个月间，阿里巴巴的总营收达到40.83亿美元，净利润为5.36亿美元，归属于阿里巴巴集团的净利润为4.85亿美元。自1999年创立到现在，阿里巴巴一直致力于实现"让天下没有难做的生意"的经营理念，在10余年的时间里，其触角已经遍布全球240多个国家和地区，为我们再次演绎了一段经典的阿里巴巴财富故事。

阿里巴巴：叩响电子商务的"芝麻之门"

2013年5月，有消息称，阿里巴巴集团控股有限公司有意在2013年实现整体上市，最晚时间是2015年，纽约、纳斯达克与中国香港三大交易所竞相争夺阿里巴巴IPO。北京迈博瑞咨询公司（Marbridge Consulting）认为，阿里巴巴市值将轻易超越在中国香港上市的腾讯控股，因为阿里巴巴在中国大陆市场还有巨大的商业成长空间。《经济学人》杂志认为：经手大陆逾六成包裹数量的阿里巴巴有机会在数年后跃居全球市值龙头。那么，阿里巴巴公司是怎样在短短的时间之内取得如此令人侧目的业绩？接下来，就让我们一起从公司的市场定位、产品组合、企业文化、经营理念和发展前景等方面来共同探索阿里巴巴的财富之道。

定位精准，起步中小企业电子商务

1995年，英语教师出身的马云，在美国西雅图第一次接触互联网，互联网对信息传递带来的革命性影响给他留下了深刻印象。回国之后，马云创建了中国最早的互联网络公司之一"海博网络"（后更名为"中国黄页"），并逐步建立了自己的团队。1996年，互联网在中国迅速升温，逐渐进入人们的视野。1997年，马云团队在北京帮助原外经贸部中国国际电子商务中心的网站建设（现在的 MOFTEC 网站），之后还参与开发了网上中国商品交易市场、网上中国技术出口、中国招商、网上广交会等网站。也是在这个过程中，马云积攒了自己在互联网行业的"第一桶金"，逐渐意识到互联网络将改变人们的生活和工作方式，也对电子商务有了初期的认识。

在20世纪90年代后期，中国逐渐成为了全球制造业的中心，并被称为"世界工厂"。在中国，中小企业贡献了全国将近60%的GDP。中国进出口总额将近70%来自中小企业，同时解决了75%的乡镇就业问题，贡献了将近一半的税收。但是，由于受到时间、空间和成本方面的限制，国内外贸型中小企业不能在更大范围内来开拓国际市场。而在这期间，互联网 BBS 的交互性也给马云带来了新的启发，他思考着众多中国制造商群体将为互联网带来怎样的盈利可能。1999年2月，马云到新加坡参加"亚洲电子商务大会"，发现来自欧美的发言人一直以 Ebay、Amazon 等欧美企业为例来讨论亚洲的电子商务模式。而马云却认为：欧美电子商务市场是针对大企业的，亚洲电子商务市场主要在中小型企业，这两种市场不可能用一样的模式。

基于互联网络的信息交互性和中小企业的出口瓶颈，马云找到了进入市场的切入点。凭借"让天下没有难做的生意"和"帮助中小企业成功"

阿里巴巴：叩响电子商务的"芝麻之门"

的精确定位，马云率领团队成员于 1998 年 12 月在杭州推出"阿里巴巴在线"网上贸易市场，正式进入电子商务 B2B 领域。公司希望通过建立网上电子商务信息交互平台帮助中国中小企业将产品出口到更多的国外市场。次年 6 月，阿里巴巴集团正式运营。

起初，阿里巴巴将公司的主要客户群体定位在中国中小企业比较集中的长三角和珠三角地区，并推出外文网站，便于国外网商寻找客户和发布信息。考虑到中小企业用户的经济承受力和市场成熟度，阿里巴巴在经营模式上舍弃了当时欧美普遍采用的交易费模式，首创了会员制模式。截至 2001 年 7 月，阿里巴巴会员数目已达 73 万，分别来自 202 个国家和地区，每天登记成为阿里巴巴商人会员的超过 1500 名。阿里巴巴会员多数为中小企业，免费会员制是吸引中小企业的最主要因素。在会员制模式下，会员可以随时免费查询阿里巴巴电子大集市上的商业信息，如果客户想在阿里巴巴上进一步了解潜在合作伙伴的详细资料和联系方法，可以通过购买收费服务产品"中国供应商"（2000 年 10 月推出）来实现。目前，中国供应商的会员费是 6 万~12 万元/年，通过阿里巴巴注册的中国供应商有 1 万家左右。这种简单而实际的收费模式，确立了阿里巴巴主要的盈利模式，也逐渐确立了阿里巴巴在 B2B 电子商务领域的商业品牌。

2003 年"非典"期间，由于中国企业参加国外贸易展会请求均遭拒绝，国外企业也不愿意冒险进入中国，因此很多中小企业结束了对电子商务的观望态度，纷纷向贸易网络平台靠拢。阿里巴巴要求其国外办事机构拿着中国客户的样品和资料，去参加国外的展览会。这一意外的事件无形中提高了贸易企业对阿里巴巴 B2B 业务的认知度。

在互联网上进行交易，买卖双方互不见面，缺乏了解。因此，买卖双方的信用问题一直是困扰电子商务发展的最大瓶颈。为了克服这一阻碍 B2B 发展的"硬伤"，2001 年阿里巴巴创新性地在其国际站点（www.alibaba.com）推出了企业商誉的量化工具"诚信通"，以服务于国外贸易商。阿里巴巴通过第三方认证、证书及荣誉、阿里巴巴活动记录、资信参考人、会员评价等5个方面，为每个使用该服务的企业建立网上信用活档案，从而把阿里巴巴打造成一个诚信、安全的网上电子商务平台。2002年，阿里巴巴将"诚信通"服务引入中国站点（www.alibaba.com.cn），以便于中国国内贸易的卖家和买家用户在网上进行交易。"诚信通"服务的推出，一方面在很大程度上克服了电子商务的网商信用问题，另一方面，有偿服务的运营模式也为阿里巴巴提供了新的利润来源。2003年，阿里巴巴"诚信通"会员突破万名大关，2004年上半年达4万多名。"诚信通"计划的实施，使会员成交率从47%提高到了72%。

"诚信通"作为推进电子商务诚信发展的划时代产品，极大地推动了中国网络贸易诚信环境的产生，也带动了阿里巴巴网上交易平台的进一步扩张。在此过程中，中小企业受益匪浅。例如，汕头市康发编织袋厂在原先外贸出口为零的情况下，分别于2002年和2003年选择了阿里巴巴"诚信通"和"中国供应商"服务，逐渐将重点向国际市场转移。目前，它已经成为可口可乐、百事可乐、NBA、迪士尼、雅芳和家乐福等国际著名企业的供应商，其中90%的客户来自阿里巴巴。

瞄准中小企业的精确市场定位以及针对B2B电子商务的特点量身定制的"第三方信用"运营模式，使得阿里巴巴在这一领域获得了极大的竞争优势。阿里巴巴B2B业务营业收入也从2001年的首次盈利发展到2006年2.914亿元的税前利润。2007年11月6日，阿里巴巴集团将B2B业务在香港分拆上市，此次IPO共募集116亿港元（约15亿美元），仅次于2004年8月谷歌首次公开招股所募集的资金19亿美元，成为全球第二大互联网IPO，阿里巴巴也成为中国首个市值超过200亿美元的互联网公司。[①]

[①] 2012年6月20日，阿里巴巴B2B业务——阿里巴巴网络有限公司在香港联合交易所退市。阿里巴巴集团斥资近190亿港元对旗下上市公司阿里巴巴网络有限公司进行了私有化，以每股13.5港元的价格回购其余股东的所有股份并予以注销。

| 阿里巴巴：叩响电子商务的"芝麻之门" |

产品组合，打造"一站式"网络商务平台

阿里巴巴凭借关注中小企业 B2B 模式奠定了其在电子商务领域的领导者地位，并创造了电子商务的中国模式。如果说亚马逊是全球 B2C 的典范，阿里巴巴就是世界 B2B 的典范。在比较成熟地构建了 B2B 商业模式之后，阿里巴巴也开始思考围绕"帮助中小企业成功"来开发新的产品，进入新的领域。

2003 年 5 月，阿里巴巴投资 1 亿元人民币，推出个人网上交易（C2C）平台——淘宝网（Taobao.com）。而就在两个月前，美国电子商务巨头 eBay 刚刚投资 1.8 亿美元全面接管易趣，[①] 凭借易趣良好的品牌优势和用户基础，eBay 显示出了进军中国 C2C 电子商务市场的咄咄逼人态势。eBay 在国外的成熟模式加上易趣先期奠定的市场基础，摆在阿里巴巴面前的挑战可想而知。针对个人网商的消费特点，淘宝网先后打出了"免费"和"支付宝"两张牌，成功地扭转了不利的竞争局面。

早在 2001 年 8 月 1 日，易趣就宣布了全面收费政策（易趣针对卖家的收费模式分为两部分：一部分是登录费，每件售卖商品登录一次是 1~8 元不等；另一部分是交易费，按交易额的 0.25%~2% 收取）。易趣认为：只有收费，卖家才会认真处理自己登录到网上的物品，也不会漫天要价或者拍卖无用的商品，而会着眼于提高成交率。淘宝网在进入 C2C 领域的同时，就提出免费的交易政策，对此淘宝网总经理孙彤宇是这样解释淘宝免费政策的：目前整个中国 C2C 市场还并不成熟，因此最要紧的事情是大家

[①] 易趣，于 1999 年在上海创立。当时被人们认为是"中国电子商务的旗舰网站"。2002 年，易趣与 eBay 结盟，更名为 eBay 易趣，并发展成国内最大的在线交易社区。

一起把市场做大，因为收费并不能够支撑整个公司的盈利。出于这样的考虑，马云"不准"淘宝在三年内实现盈利。截至2003年底，淘宝一共吸收了大约30万注册会员，其中还包含了一部分易趣的会员。

与B2C市场的当当网、卓越网等相比，C2C领域的易趣网和淘宝网仅仅为买卖双方提供了交易的网络平台，而无法对他们产生绝对的约束力。在免费登录和交易政策为淘宝网带来流量增长的同时，如何让买卖双方放心地在网上交易就自然而然成为淘宝网关注的焦点。为了解决买卖双方"货到付款"与"先款后货"之间的矛盾以及买方付款之后不能收到预想中的货物等制约C2C电子商务的瓶颈问题，2003年10月，淘宝网推出了"支付宝"服务（www.alipay.com），有效地降低了买卖双方在缺乏信用体系之下的交易风险。买方先将货款打入由淘宝提供的第三方账户，卖方发货后凭运单号码向淘宝证明已经发货，买方在收到无瑕疵货物之后，和淘宝确认收货和付款事宜。这样，诸如付款、收款和退货等先前阻碍C2C壮大的矛盾得到有效解决，再加上交易结束之后买卖双方的相互信用评价体系，淘宝逐渐建立起了一个全面的"第三方"信用体系。

而此时eBay在国外广泛使用的第三方支付系统——PayPal（全球最大的第三方支付平台。目前，全球56个国家和地区的在线买家、在线零售商、在线企业、eBay卖家以及传统企业都在使用PayPal进行交易支付，在全世界拥有近7200万用户），由于受到政策性限制不能进入中国市场，这也为支付宝发挥作用赢得了宝贵的时间。2005年7月，PayPal推出了面向中国用户的PayPal贝宝，并与银联合作开展网上支付业务。但在这时，淘宝网推出的支付宝早已成为中国C2C电子商务领域的"第三方电子支付"的代名词。

免费模式为淘宝网带来了用户注册人数的极大增量，而由支付宝为中心的"第三方"信用体系又有力地保证了C2C网上交易的安全性和满意度。当然，市场并没有停止竞争的脚步。2004年2月，易趣正式调低了自己的商品登录费用，在随后的 2005 年 12 月，易趣推出免收开店费的促销政策；2004 年 4 月，Yahoo 与新浪合作成立"一拍网"；2005 年 9 月，腾讯也凭借当时超过 4 亿的即时通信注册用户推出"拍拍网"，而且"一拍网"和"拍拍网"都采取了和淘宝网相似的开店和交易双免费的政策等，这些竞争行为都为淘宝在 C2C 领域的进一步扩张设置了新的障碍。为此，阿里巴巴集团先后为淘宝追加投资，投资总额达到了 14.5 亿元人民币，以在网站建设、客户服务和广告宣传等方面来增加竞争实力。2008 年 7 月，阿里巴巴集团表示，未来 5 年内将向淘宝网投资人民币 20 亿元。马云表示："追加的 20 亿元将投入在技术、创新、人才引进和生态链建设上面。"

凭借"免费开店与交易"和"支付宝"两张牌的推出和完善，淘宝网稳稳地占据了中国 C2C 电子商务市场的"领头羊"位置。淘宝网 2006 年度交易总额突破 169 亿元，超过了传统零售巨头易初莲花（现已更名为卜蜂莲花）（100 亿元）、沃尔玛（99.3 亿元）各自在中国的全年营业额。2011 年 6 月，阿里巴巴集团将淘宝公司分拆为三个独立的公司——淘宝网、淘宝商城、一淘网。[①] 淘宝网继续 C2C 业务，而淘宝商城则专注经营平台型 B2C 业务。至此，阿里巴巴集团成功实现 B2B、C2C、B2C 的电子商务全覆盖。2012 年 1 月，淘宝商城更名为"天猫"，并在 11 月 11 日创下了 13 小时内实现 191 亿元交易额的记录。阿里巴巴集团宣布，截至 2012 年 11 月 30 日，公司旗下的淘宝网和天猫前 11 个月的总交易额已经突破 10000 亿元，相当于全国社会消费品零售总额的 5%。

2004 年，马云提出阿里巴巴要在 5 年内从"Meet at Alibaba"转变到"Work at Alibaba"，而先前的阿里巴巴网和淘宝网仅仅为企业网商和个人网商提供了简单的信息发布和交流平台。要实现集团的战略转型，围绕现

[①] 一淘网由淘宝网于 2010 年 10 月试验性推出，作为独立的网上购物搜索引擎，于 2011 年 6 月成为独立业务。

有客户资源深度开发新产品，就成为阿里巴巴的新任务。

电子商务离不开搜索引擎的支持，尤其是对像阿里巴巴这样致力于为客户创造信息流的运营商来说更为重要。阿里巴巴也曾经尝试自己开发搜索技术，但是效果并不理想，之后转为向外寻求技术合作。而在2005年上半年，eBay把易趣和30多个国家的网络平台对接，给阿里巴巴造成很大的外部威胁。为了帮助网站提高在国际市场的流量，阿里巴巴必须进入搜索领域。此时，雅虎也一直看重中国的电子商务业务，但是始终没有大的突破。阿里巴巴拓展海外市场的需求和雅虎中国深入开发中国市场的需求形成互补，两者在战略转型上不谋而合。2005年8月，阿里巴巴收购包括在线拍卖业务的雅虎中国全部资产。[①] 这样，阿里巴巴的B2B和C2C业务在雅虎强大搜索引擎技术的支撑下，可以进一步来推广网商的产品，而且空间范围同时也被扩大。此外，阿里巴巴一直关注互联网络的发展方向，并寻求对外合作、投资或者并购。2006年11月，阿里巴巴集团斥资600万美元对"口碑网"[②]进行了战略投资。此次对"口碑网"的战略投资，很好地串联和补充了阿里巴巴集团旗下的电子商务与搜索业务。

阿里巴巴网主推的B2C模式，为集团聚集了规模庞大的用户基数。但是阿里巴巴发现，这些客户虽然规模较小，但是同样需要财务、物流和CRM等管理，横亘在他们面前的是人才、技术和资金等方面的压力。为了更好地服务于公司旗下阿里巴巴网和淘宝网两大电子商务子网站的客户，2007年1月，作为阿里巴巴集团的第5家公司——阿里巴巴（中国）软件有限公司（www.alisoft.com）正式成立（以下简称阿里软件），宣布进入企业商务软件领域。在介入商务软件领域时，阿里软件采用了国际通行的

[①] 2005年雅虎以10亿美元加上中国雅虎业务，换取阿里巴巴40%的股权。2012年5月，阿里巴巴以约71亿美元的价格回购雅虎所持40%股份中的一半。

[②] 2004年创立，是一个本地化"吃、住、玩"生活社区，注册会员将近200万。

SaaS 模式。① 在此模式之下，网商通过付费的形式将软件服务托管，然后可以订阅在线软件服务，最终实现按需付费。因此，SaaS 模式可以使网商像"拧水龙头"一样来使用第三方提供的软件。按照公司的战略规划，阿里软件将与 IT 巨头和独立软件开发商一同为中小企业提供一个在线 SaaS 的交互平台，为用户提供管理软件模块。如果说阿里巴巴网和淘宝网的目标是"让天下没有难做的生意"，那么阿里软件就是在此基础上理念延伸的产物，其目标是"让天下没有难管的生意"。

受淘宝网在上市初期不能获得大网站的支持而只能通过中小网站得到支持的启发，2007 年 11 月，"阿里妈妈"（www.alimama.com）正式上线运营，阿里巴巴宣布进入中小企业网络广告交易平台领域。其实，从网站联盟的运营模式上来看，阿里妈妈算是一个后来者。之前，类似于 Google AdSense 广告和百度联盟都是这种模式的典型代表。在阿里妈妈，中小企业可直接面对广告媒体，挑选内容、时间，及时了解效果以调整广告计划；中小网站也能直接面对广告主，获得更多的收益。另外，阿里妈妈将整合集团原先的 B2B 网站、淘宝网、支付宝、中国雅虎、阿里软件和口碑网等的客户和广告资源，放到阿里妈妈交易平台上来推广，公司通过收取每笔广告交易 8%佣金的形式盈利。阿里巴巴旗下业务组合如图 12-1 所示。例如，淘宝掌柜可以通过阿里妈妈上的网站和博客来推广店铺、销售

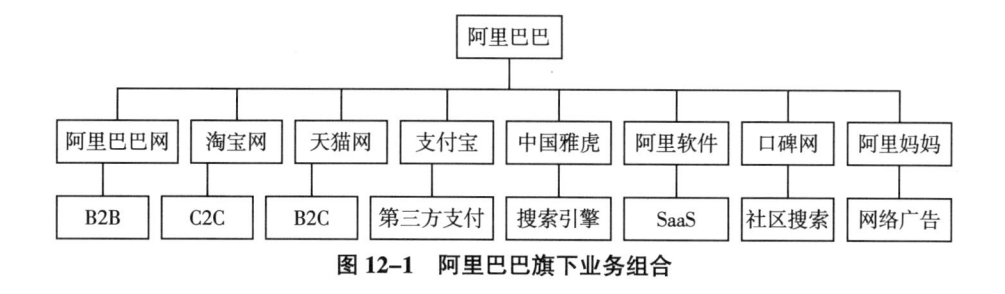

图 12-1 阿里巴巴旗下业务组合

---

① Software as a Service，在线软件服务或者软件即服务。

商品，成交后缴纳佣金提成；淘宝卖家还可以将自己的空间资源开放出来为他人提供推广渠道，以利用自己的人气获得新的收入来源。凭借阿里妈妈，阿里巴巴想要实现"让天下没有难做的广告"的经营理念。

通过产品开发，阿里巴巴逐渐切入新的领域，但是业务中心始终没有脱离"让天下没有难做的生意"和"帮助中小企业成功"两大出发点。这样，公司从最初的中小进出口企业供求信息网上平台，逐步发展到包括诚信体系、市场、搜索、支付、软件和广告等多产品运营模式。但是，经过产品开发之后的阿里巴巴，将在更多领域遭遇强大对手的竞争挑战，例如，在电子商务、即时通信和搜索领域，将与eBay、百度、腾讯等竞争对手展开激烈竞争；在商务软件领域，还将遭遇来自用友、金蝶等传统ERP和CRM厂商的挑战；在网络广告联盟领域，有百度联盟等造成的压力。可以说，在不同领域的多产品运营模式为阿里巴巴提供更多商业机会的同时，也会让它承受更多的竞争压力和挑战。

根据《经济学人》2013年3月报道的数据显示，阿里巴巴（包括B2C网站天猫、C2C网站淘宝网）2012年成交金额高达1712亿美元，超过了亚马逊（Amazon）和电子海湾公司（eBay）两家公司的总和（1556亿美元）。另据英国欧睿信息咨询公司（Euromonitor International）资深分析师Lamine Lahouasnia预期，天猫在超越电子海湾公司（eBay）成为全球第二大网路零售商之后，预估2015年即可超越亚马逊成为全球霸主。

拥抱梦想，造就全球化的网络帝国

从2005年以来，众多的中国企业纷纷推出了国际化战略，TCL、海尔和长虹等都是其中的代表性企业。品牌国际化，将在技术、资本、人力资源、营销能力等方面对企业提出更高的挑战。2008年7月5日，在淘宝五周年庆典仪式上,阿里巴巴集团董事局主席马云也道出了阿里巴巴的全球战略目标。马云称,阿里巴巴未来五年重中之重的战略就是打造电子商务产业链;阿里巴巴10年发展目标则是成为全世界最大的互联网服务提供商和全球最佳雇主。

关注基础设施,构建电子商务生态圈

电子商务作为一种具有革新性力量的销售业态,更需要在其生态系统的培育和维护上投入更多的时间、精力和成本。阿里巴巴在这方面也可谓是不遗余力。

交易诚信和安全支付是保证电子商务顺利发展的关键因素之一。自从2003年推出"支付宝"以来,阿里巴巴已经与包括国内工商银行、农业银行、建设银行、招商银行、广东发展银行、民生银行、中信银行、兴业银行、交通银行、光大银行和上海浦发银行等各大商业银行以及中国邮政、VISA国际组织等各大机构建立了深入的战略合作。这些行为一方面使得支付宝的使用范围更加广泛,另一方面也促进了中国网上银行业务的新发展。此外,为了让更广范围的企业放心使用支付宝,并提升支付宝的市场覆盖率和影响力,2005年,支付宝公司与国内6大知名互联网渠道商签署了合约,共同进行支付宝电子商务安全解决方案的全面推广。这6家代理商与雅虎、百度和谷歌等众多知名互联网公司有着良好合作关系,并组建了推广支付宝的专业团队,成为支付宝在北京、上海、江苏、浙江、广东等市场的核心推广力量,对支付宝现有的电子商务安全解决方案进行全面推广。继2008年8月支付宝用户达到1亿之后,2009年7月突破2亿。根据2012年6月支付宝公司发布的消息,公司站外合作商家达到45万家,日交易数量达到3369万笔,支付宝注册用户达到7亿,日交易额达45亿元。

马云曾谈到:"阿里巴巴集团将协同最广泛的合作伙伴,共同构建和完善电子商务的基础设施，共同培育一个开放、协同、繁荣的电子商务生态系统。"2004年9月，阿里巴巴与英特尔签署合作备忘录，开始在中国合作建设中国首个手机无线电子商务平台，并将结盟推出"中小企业电子商务专用电脑"；2006年11月，阿里巴巴与中国邮政达成合作意向，推出新产品"e邮宝"，EMS成为了最大的支付宝推荐物流服务提供商；2007年4月，阿里巴巴与微软合作在软件领域展开战略合作，通过阿里妈妈平台向中小企业用户提供"按需付费"的在线企业管理软件服务；2007年7月，阿里巴巴与科隆国际展览公司签署战略合作协议，为全世界的买家和卖家提供更好的贸易平台；2007年10月，阿里巴巴与方正科技建立战略合作伙伴关系，共同推广搭载"电子商务即时通软件阿里旺旺"和"中小企业版电子商务软件"系列机型；2007年11月，阿里巴巴与思科签署全面合作备忘录，共同推广SaaS，逐步实现管理软件网络化；2007年12月，阿里巴巴与通用电气达成战略合作，通用电气将使用阿里巴巴买家工具和平台寻找和筛选新的供应商，并向中国企业推广其产品和服务；2007年12月，阿里巴巴与瑞星合作，共同致力于电子商务安全防控的解决方案；2008年4月，阿里巴巴联合全国众多高等院校共同发起"明日网商孵化计划"，向在校大学生推行电子商务应用常识，造就兼具"商务"和"技术"才能的复合型电子商务人才；2008年7月，阿里巴巴与巨人网络达成战略合作，利用支付宝来推动网络游戏的在线支付等。以上一系列的"合纵连横"，不仅使得阿里巴巴旗下的不同业务获得了长足的发展，同时也让更多的合作伙伴进入电子商务生态链条的培育、建设和推动上来。

目前，阿里巴巴旗下已经拥有阿里巴巴网、淘宝网、支付宝、雅虎、阿里软件、口碑网和阿里妈妈，围绕传统经济中被忽视的弱小群体——中小企业，阿里巴巴已构建起一个强大的生态系统。通过以上的事例我们可以看出，阿里巴巴正是基于"构建电子商务生态圈"这一竞争理念，围绕整个中国电子商务基础设施的建设做出了不同层面的努力。无论是软件开发商、网络设备商，还是网游运营商，甚至是物流企业和高等院校，都被纳入了阿里巴巴的"电子商务生态链条"之中，共同打造中国电子商务的"和谐"生态系统。

升级与扩张，启动全球化步伐

没有国界的互联网使得整个世界在信息流动上成为真正的"地球村"，那么基于互联网络的电子商务更加具有业务全球化扩张的潜力。马云曾概括说，通过阿里巴巴让全球互通有无，电子商务是实现贸易自由化、便利化的有效途径。在阿里巴巴网和淘宝网分别在 B2B 和 C2C 电子商务领域取得了市场领先的竞争优势之后，阿里巴巴也将自己的视野放到了打造国际化的综合贸易平台上来，希望让"世界各地生产的商品"通过阿里巴巴"卖到世界各地去"。

早在阿里巴巴网创建初期，就开设了"英语、中文和日文"三个版本的网站平台，因为就全球商业领域而言，它们是三种最重要的语言。而国际贸易平台的搭建也使得业务在很大程度上实现了国际化，但是要真正实现国际化，还需要公司"走出去"，深度切入国际市场。而日本软银等风投的股本持有，在一开始就保证了阿里巴巴在股权结构方面的国际化。之后，随着公司进入业务领域逐渐增多，阿里巴巴开始引进具有国际化思维的高级人才，先后将零售、财务、软件等领域的专业高级管理人员尽收麾下，以支撑集团围绕中小企业群体的"多元化"业务扩张，卫哲、武卫、曾鸣和崔仁辅就是其中的典型代表，这些动作表明阿里巴巴希望逐渐构建一个具有国际化思维的团队。与诸如微软、思科和英特尔等国际巨头的战略合作，也使得阿里巴巴在技术支持层面具有了国际化的实力和视野。

2007 年上半年，阿里巴巴将香港的财务中心变为其国际全球管理运营中心，标志着香港市场在公司战略架构中的进一步升级。到 2007 年 6 月底，阿里巴巴的电子商务平台上已汇聚了 220 多个国家和地区的 2100 万家企业，其中绝大部分是中小企业，而且欧洲已经成为阿里巴巴重要的市场之一。2007年10月，阿里巴巴在瑞士日内瓦成立了首个欧洲总部，旨在进一步扩大在欧洲市场的份额。欧洲总部拥有12名雇员，主要目标客户集中在英国、意大利、法国、土耳其、德国、阿拉伯联合酋长国和迪拜等国家和地区的1900万家中小企业，目的在于帮助这些中小企业进行进出口贸易，提供市场平台以允许企业交易原材料、手工品、制造业产品和服务。

此外，在业务国际化方面，阿里巴巴还将日本（中国最大的单一国家贸易伙伴以及全球第二大贸易国）和印度（世界制造重心转移的潜在目的国）看做是两个重要的市场，希望在业务国际化方面进行深度开拓。在当地市场开拓方面，阿里巴巴紧密依靠当地合作伙伴的力量，共同做好国际化。

如果说阿里巴巴在创立初期已经让人隐约看到业务国际化的影子，那么2007年底集团B2B业务在香港分拆上市则可以看做是其国际化步伐开始加快的转折点。2008年5月6日，阿里巴巴与印度最大的B2B媒体公司Infomedia宣布成为长期战略合作伙伴，双方计划进一步扩大在印度的B2B电子商务市场份额，这意味着阿里巴巴的新兴国家市场战略全面升级。2007年11月，阿里巴巴在日本成立了分公司。2008年6月，阿里巴巴与日本软银公司（阿里巴巴风险投资股东）设立合资企业，共同开发日本企业间电子商务市场，并很快进入当地服装在线市场。

阿里巴巴B2B总裁卫哲认为，电子商务在Web 2.0阶段将实现多层次突破——从信息流到资金流和物流，从网上贸易市场到网上服务平台，从市场推广和销售到企业内部管理，从中国制造到全球制造，即从出口到进口，这些已经渐行渐近。阿里巴巴的目标就是转变为一个综合交易平台，从单一的提供信息服务，到包含金融、物流、管理、技术创新在内的全方位网上交易平台。而在消费习惯、基础设施等方面都有待加强的电子商务领域，需要实现这一系列的突破。阿里巴巴的全球网络帝国梦想之旅才刚刚开始，摆在它面前的将是一条充满挑战和诱惑的道路。

从创建到今天，阿里巴巴仅仅用了 10 余年的时间，就为我们演绎了一段类似于神话般的中国互联网企业崛起和壮大的商业故事。在此过程中，创新，应该是围绕其发展的一个中心词汇。正是基于公司在准确市场定位的前提下，不断对商业模式、业务流程进行再造，颠覆传统，为电子商务提供创造性的支撑工具和流程，进而逐渐构建起电子商务的生态共赢体系。阿里巴巴的东方神话，充分印证了"只有创新，才能成就企业长久竞争优势"的朴素道理！

1990年，李宁有限公司在广东三水起步。凭借与中国奥林匹克委员会的持续合作与频繁的赛事赞助，逐渐在市场上产生了强大的品牌效应。1995年，李宁公司成为中国体育用品行业的领跑者，一直持续至今。根据李宁公司2012年年报，公司实现营业收入67.39亿元，同比减少24.5%；权益持有人应占盈利减少至亏损19.79亿元，同比减少23.65亿元。这是李宁公司自2004年上市以来首度业绩出现亏损。截至2012年末，李宁牌常规店、旗舰店、工厂店及折扣店的店铺总数为6434家，较2011年报告期末净减少1821家。李宁怎么了？沿着李宁从2010年开始的品牌重塑路径，让我们一同去发掘李宁背后的品牌营销故事。

李宁：品牌升级遭遇成长烦恼

2010年6月30日，李宁公司宣布正式启用新的品牌标识和宣传口号"让改变发生"（Make the Change），这同时标志着李宁开启了新一轮的品牌重塑战略。进入2011年之后，李宁公司订单下滑、库存积压、高管离职等负面消息不断。2011年6月，李宁宣布包括COO、CMO在内的数位管理者相继离职，被认为是"90后李宁"品牌重塑战略转型的失败信号。作为国内最大的体育用品制造商，李宁公司是基于什么样的竞争考虑而做出的战略调整，其又将面对怎样的竞争挑战？我们试图沿着目标市场、产品组合、品牌精神和企业愿景等四条主线来为读者勾勒出李宁公司战略调整的路线及其将要面对的挑战。

目标市场，转向年轻与时尚群体

任何公司都不可能为市场上所有的顾客提供服务，只有通过有效的市场细分进而选择适合自身的目标市场，企业才能在市场上站稳脚跟。尤其是在现今需求日益多样化的国内外市场上，企业更需要根据顾客的不同需求将他们划分为不同的目标消费群体或者切割成若干的细分子市场，才能结合自身的优势资源为其中的一个或者数个细分市场提供有效而可盈利的营销服务。

创建于1990年的李宁公司，在早期凭借卓越运动员李宁本身的社会感召力迅速成长为中国体育用品市场的领军品牌之一，表13-1呈现了李宁成立至今的关键性事件。虽然李宁也一直致力于品牌形象时尚化，但是伴随着20世纪九十年代主流消费群体逐渐步入中年的市场现实，李宁品

表13-1 李宁公司大事记

1990年	李宁公司成为第一家赞助亚运会中国体育代表团的中国体育用品企业
1992年	李宁公司为中国奥运代表团提供领奖装备，成为中国体育用品企业首家奥运会赞助商
1993年	李宁公司在全国建立特许专卖营销体系
1998年	李宁公司在广东佛山建成中国第一个运动服装与鞋的设计开发中心
1999年	李宁公司与SAP公司合作，成为中国第一家实施ERP的体育用品企业
2004年	李宁公司在香港联合交易所主板成功上市，成为首家在海外上市的中国体育用品企业
2005年	李宁公司成为NBA官方合作伙伴
2006年	李宁公司成为ATP中国官方市场合作伙伴
2007年	李宁公司推出全新子品牌"新动"（Z-Do Sports）
2008年	李宁公司正式完成收购著名乒乓球品牌"红双喜"股权事宜
2009年	李宁公司取代尤尼克斯，成为中国羽毛球队的主赞助商
2009年	李宁公司收购中国羽毛球器材市场的三大品牌之一凯胜
2010年	李宁公司以换标为契机，正式启动国际化战略
2012年	李宁公司自上市以来首次出现亏损

牌形象在市场上也出现了老化的迹象。2006~2007年,李宁公司通过消费者市场调查发现,实际消费者与目标人群有差距,整体用户群年龄偏大,近35~40岁的人群超过50%,因为年轻消费者认为李宁在酷、时尚、国际感上逊色于国际品牌。体育用品的核心消费群是14~45岁,而对体育用品企业来说,14~25岁的年轻人群是更为理想的消费者群体。

此外,由于在品牌影响力、传播预算、市场定位与价格策略等方面的原因,以李宁为代表的国产体育用品品牌一直关注于二、三线市场的培育与开发,①而在一线城市的品牌影响力还不能与国际品牌相比肩。李宁前CEO张志勇也坦承,如果分年龄段来看,25岁以上消费者构成的市场中,李宁品牌认可度是第一位,而在25岁以及更小的消费群中,耐克、阿迪达斯这样的国际品牌认可度是第一位;如果分城市层级来看,在超大和一线市场,李宁落后于耐克与阿迪达斯这两个国际品牌。

招商证券的研究报告也指出,李宁品牌的实际消费群体年龄偏大,公司急需让自己对"80后"、"90后"的新一代消费者产生黏性——这使得品牌重塑成为李宁必然的选择。此外,市场消费能力增强和购买倾向高端的市场现实,也使得二、三线城市消费者的消费能力和消费意识逐步向一线城市靠拢,这也为李宁产品的高端化与品牌形象的年轻化提供了坚实的消费基础。

经过品牌在目标市场的定位,重塑后的李宁品牌希望通过推出全新的品牌标识及宣传口号来提升品牌形象的时尚感,重点吸引"90后"年轻消费人群,与16~35岁及以上更宽泛的年轻、时尚目标消费人群保持持续的沟通。可见,在新的竞争时期,李宁希望紧紧跟随市场主流消费群体的脚步,进一步保持竞争优势,夯实自身的竞争地位。

---

① 以李宁公司为例,2009年,李宁品牌在全国的门店总数有7249家,新增1004家,其中新增门店和新增营业面积的80%以上集中在国内二、三线市场。

思考之一：

近年来，国内民众对各种体育活动的关注度与参与度都在稳步提高。之所以出现这样的运动风潮，主要是基于以下几点原因：①经济发展促进了消费水平的提高，民众更加关注健康，也有更多的时间与收入来进行各种休闲运动和常规体育活动；②体操、羽毛球、乒乓球等中国优势体育项目在世界性的比赛中取得了良好的成绩，激发了民众的参与积极性；③姚明、刘翔等国际体育明星的示范效应，带动了国内外体育品牌对市场的开拓热情。由此可见，普通民众参与体育活动的热情，已经成为一种非常深刻的文化现象，这也为众多国内外体育品牌的市场开拓提供了现实的销售土壤。

2001~2006年，耐克、阿迪达斯在超大城市和一线城市基本完成销售渠道布局，销售额也先后超过李宁公司，分别位居中国市场第一位和第二位。此外，安踏、匹克、鸿星尔克、德尔惠等同样定位于二、三线市场的竞争性品牌也给李宁公司带来了极大的竞争压力。正是在这样的背景下，李宁做出了在保持现有市场的基础上向一线城市突围的"高端化、年轻化"的应对策略，换标可以看做是公司正式吹响了这场营销战役的冲锋号角。

李宁公司前CEO张志勇介绍称，新标识设计思路是为了顺应年轻消费群体、特别是"90后"不断求变的心理。多年来，李宁一直视耐克和阿迪达斯为两大竞争对手，此次品牌重塑亦是希望在中国超大城市及一线城市市场增强与这两大国际品牌的竞争力。但是与此同时，耐克与阿迪达斯等国际巨头要保持在中国市场的稳步增长，也极有可能将触角伸向同样具有消费潜力的国内二、三线甚至县级城市（如在福建县级市漳平，耐克已设立门店）。2010年耐克公司确认：有计划地进入中国二线、三线甚至四线城市，并将推出中低端系列产品；2011年，阿迪达斯开始实施"通向2015"战略，通过SLVR、Y-3、三叶草、NEO等细分子品牌，来对高、中、低三档市场进行全面覆盖。由此，国内外体育用品品牌在高、中、低端领域展开了全线激烈竞争。

2012年,李宁、安踏、匹克、中国动向、①特步、361°等一年间关店总数接近5000家,②如图13-1所示。与此同时,销售收入或者净利润均出现不同程度的下降。③这一方面是受制于行业增长速度的放缓,另一方面来自国际品牌的全线竞争压力也不可小觑。而阿迪达斯2012年度集团销售收入达到148.83亿欧元,创历史新高,其2012年在大中华区销售收入同比增长15%。

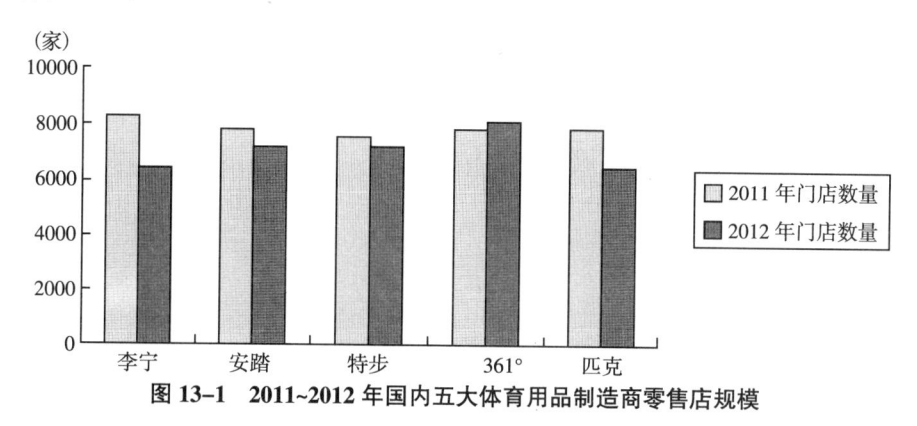

图13-1 2011~2012年国内五大体育用品制造商零售店规模

品牌精神,寻求文化与情感溢价

品牌精神是品牌文化的核心表现方式,它是企业在长期经营过程中逐

---

① 2002年,中国动向(集团)有限公司的前身北京动向体育发展有限公司成立。2006年,中国动向在著名财务投资者摩根士丹利的支持下买断了KAPPA在中国大陆和澳门地区的品牌所有权。2012年,由集团经销商直接或间接开设的KAPPA品牌零售门店由2011年底的3119家减少到2012年底的2009家,关闭门店1110家。

② 2012年度,361度店面数量小幅增加217家,成为国产六大运动品牌中唯一没有出现"关店潮"的企业。

③ 安踏2012年营收和净利双降,净利润13.59亿元人民币,同比下降21.5%;匹克体育2012年净利润大幅下降逾60%至3.1亿元;361度2012年净利润7.07亿元,同比下降接近40%;而特步2012年净利润下滑16.18%,仅为8.1亿元;仅有2011年净利提升73.5%至1.77亿元,但销售额也下滑35.4%。

渐沉淀出的事业理念和价值观念。品牌形象是企业在将品牌精神与市场沟通之后，消费者对特定品牌进行传播之后的现实认知。因此，企业希望的品牌市场形象往往与品牌在消费者头脑中的现实认知有一定的差距，甚至完全相反。

李宁公司在2008年的市场调研中发现：大多数消费者认为李宁是一个"可靠的、温和的、可值得信赖的，积极向上的"品牌，而公司希望品牌具有更鲜明的个性——激情、勇敢、锐气等特质。李宁公司认为，目前的中国体育用品行业已经进入了稳定的成长期。在产业爆发期，企业的主要驱动力是通过分销（主要表现为增加"店中店"或者门店数量）获得快速的增长；而在产业稳定成长期，核心竞争力则是产品创新和品牌创新（即产品技术含量高低，品牌文化是否能与消费情感相连接）。

而且，在年轻、时尚消费群体逐渐壮大的市场环境下，李宁还需要找到与他们进行有效沟通的"语言"——通过紧抓年轻消费者的内在特质，获得品牌在文化层面的认同感。因此，李宁品牌的新标识在继承了原先标识结构视觉效果的同时，抽象了李宁原创的"李宁交叉"动作，并以"人"字形来诠释运动价值观——"鼓励每个人透过运动表达自我，实现自我"；而新的宣传口号"Make the Change"也旨在向市场传播新的品牌DNA——"鼓励每个人敢于求变、勇于突破"，是对新一代创造者发出的号召。

根据李宁公司的解释，如果先前的品牌口号"Anything is Possible"（一切皆有可能）是鼓励人们"敢想"，那么新的品牌口号"Make the Change"（让改变发生）则是激励大家"敢为"。从李宁的第一个宣传口号——"中国新一代的期望"，到后来的"一切皆有可能"，再到现在的"让改变发生"，反映出的正是李宁针对不同时代的主流群体消费诉求的市场回应。

思考之二：

在一个不断变化的商业环境之中，品牌只有随着商业环境的变化而变化，对竞争环境变化做出及时的、适当的反应，才能促进其不断成长和成熟。品牌标识和传播口号的变化只是企业为应对营销环境的变化而做出的外部回应，实际上它只是品牌"进化"的一个外在表现，如图13-2所示。但是，品牌仅仅通过换标或者更改宣传口号并不能从根本上实现企业的战略转型，品牌要实现真正的进化，还需要系统性的战略以及相应资源的支持和推动。中粮集团董事长宁高宁在谈到中粮换标时，说到"标识变更是一个管理的过程，而不是一个视觉或者宣传的过程。换标代表着中粮战略定位、管理系统、企业文化、组织者追求目标的一种转变"。

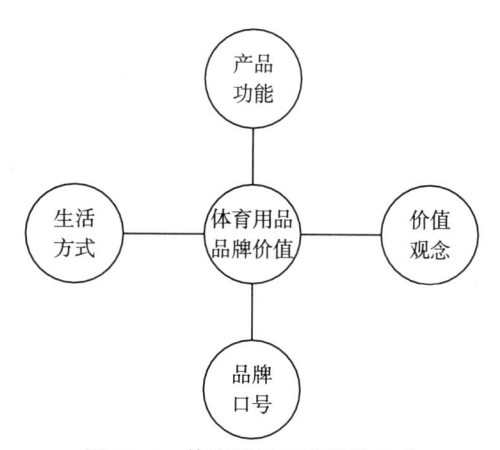

图13-2 体育用品品牌价值构成

品牌精神是品牌文化的核心表现方式，是企业在长期经营过程中逐渐沉淀出的事业理念和价值观念。对于顾客来讲，体育品牌是一个展示个性与自身形象的物质载体，现实销售其实是消费群体对特定品牌文化认可与追随高低程度的体现。

本次李宁品牌重塑，仍然将不断突破自我、挑战自我的"运动员精神"作为其最重要的品牌内涵。体育赛事所富含的"运动员精神"——比赛中运动员所凸显的"向上、拼搏、勇敢、梦想、成就、超越"的普世价值观念，也为开展体育营销的企业提供了更为广阔的应用空间。李宁只有通过充分挖掘"运动员精神"，并将其贯穿到品牌塑造或者再造的过程中，才能够一方面拉近品牌与顾客之间的心灵距离，另一方面极大地丰富品牌的文化内涵。因此，寻找到真正的"运动员精神"，并将其注入品牌日常的企业运营及企业文化建设上来，李宁才能达到"内外兼修"的营销效果。

体育运动是对"追求健康生活、勇敢超越自我"生活方式的回应与实践。从这个角度来看，始发于2010年的李宁换标及品牌口号"让改变发生"的市场行为，是对品牌年轻化做出的一种积极尝试，但是"90后李宁"的新定位之所以无法引起市场的共鸣，原因还在于企业缺乏对年轻、时尚目标群体沟通元素的准确把握与理解。此外，李宁在试图吸引"90后"目标群体并迎合其偏好的同时，丢失了原先二、三线城市的忠实顾客。

产品组合，囊括服饰与装备业务

对于企业来讲，每一种产品承载的营销功能是不同的，例如，有的产品是针对竞争对手推出的；有的产品是为了树立品牌形象的；有的产品是为了扩大市场份额的；还有的产品是为企业创造高额利润的；等等。那么，既然特定产品所要完成的市场使命不同，那么就应该有相应的资源配置，而不是用相同的资源配置来推广不同的产品系列。开发设计具有本企业个性的产品，并逐渐形成兼具不同营销目标的产品组合，能够保证企业在利润、销售量和市场份额之间维持一种平衡状态。因此，打造企业的核心产品，并针对不同的产品来制订不同的营销组合计划，是成就产品组合力的关键所在。

自进入体育用品市场以来，李宁公司不仅通过强大的产品设计、分销能力与推广能力来协同 OEM 生产厂商和物流商，还通过资本并购的方式逐渐进入了多元化的运动装备市场。2005 年，李宁出售其代理的 KAPPA 业务，同时和法国 Aigle International S.A.以各占 50%股份权益的合作形式，成立艾高（中国）户外体育用品有限公司，负责在中国生产、市场推广及销售 Aigle 品牌的专营户外运动及休闲服装和鞋类产品；2007 年 4 月，推出全新子品牌"新动"（Z-Do），进一步丰富了服装配件产品线；2008 年 7 月，李宁正式完成收购著名乒乓球品牌"红双喜"股权事宜，使得李宁进入了乒乓球专业设备领域；2008 年 7 月，与意大利运动时尚品牌乐途（Lotto）签订协议，获得其在中国市场 20 年的独家特许权；2009 年 7 月，李宁以 1.65 亿元人民币收购中国羽毛球器材市场的三大品牌之一"凯胜"的全部已发行股份，全方位进军羽毛球领域。至此，李宁集团逐渐形成了以运动服饰为主，运动装备和器材为辅的产品组合结构，如图 13-3 所示。

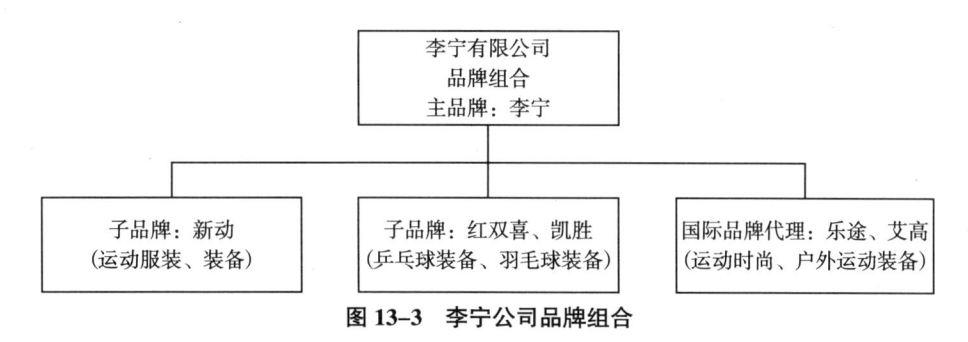

图 13-3　李宁公司品牌组合

与阿迪达斯、耐克等国际著名体育品牌类似，李宁公司 20 年来一直采取的是"没有自己的工厂"的发展路线。在体育用品领域，有两种典型的业务管理战略模式——"轻资产"模式、"垂直整合"模式。"轻资产"模式的所有产品都由外部企业生产。"轻资产"运营模式，将产品的制造和零售分销业务外包，而集中资本力量于产品及其概念设计和市场营销等业务。"轻资产"运营模式的两个关键点是产品的设计开发、营销和网络建设。"垂直整合"的业务管理模式，企业从上游的采购、研发、设计、生产，到下游的品牌营销、渠道的配送，再到相关的售后服务，企业都参与。李宁公司奉行的是"轻资产"战略。对此，李宁认为：真正的价值是消费者的购买价值。溢价是消费者的购买价值，你越有能力被消费者购买，溢价比越高。这对李宁公司的产品设计、物流效率和营销水平等方面都提出了很高的挑战。在产品设计和研发方面，李宁公司原先的服装（包括配件）和运动鞋平行事业部变成了以篮球、跑步、羽毛球等以运动品类为主的矩阵式组织结构，并从2002年起公司采用美国杜邦及3M公司的功能性面料制造运动服；2008年，李宁公司说服若干家鞋与服装产品的供应商，整体西迁到湖北省荆门工业区，并试图在2013年建立一个可能承接李宁约50%甚至更多订单的大型产能基地；2009年，李宁将全国原有的18个子公司的物流仓库进行整合，转变为"DC（分销中心）——门店"直接配送模式，极大地降低了产品库存天数，提升了物流效率；2009年，李宁公司加大了研发力度，目前研发投入占公司销售额的2.7%。

思考之三：

对中国体育用品行业来讲，2000~2009年被称为"黄金十年"，其间市场规模的增长速度每年维持在30%~50%。[①] 表13-2、图13-4中的数据能够充分说明这一时期国内体育用品企业的快速成长。之后，受席卷全球的金融危机与国内通货膨胀的双重影响，一方面，消费者逐渐存在缩减体育用品开支的消费倾向；另一方面，前期行业过度扩张导致渠道商积压了大量库存，国内体育用品市场迅速进入调整期，行业年增长速度也进一步放缓至10%~15%的水平。

---

① 在此期间，国内主流体育用品制造商都专注于市场的扩张。例如，2004~2008年，李宁门店从2272家增加到5935家，销售收入从18.78亿元增加到66.9亿元。2008年北京奥运会之后，各大品牌进入了新一轮的扩张期，主要表现在分销网络的扩张领域。

表 13-2　中国五大体育用品制造商经营业绩一览

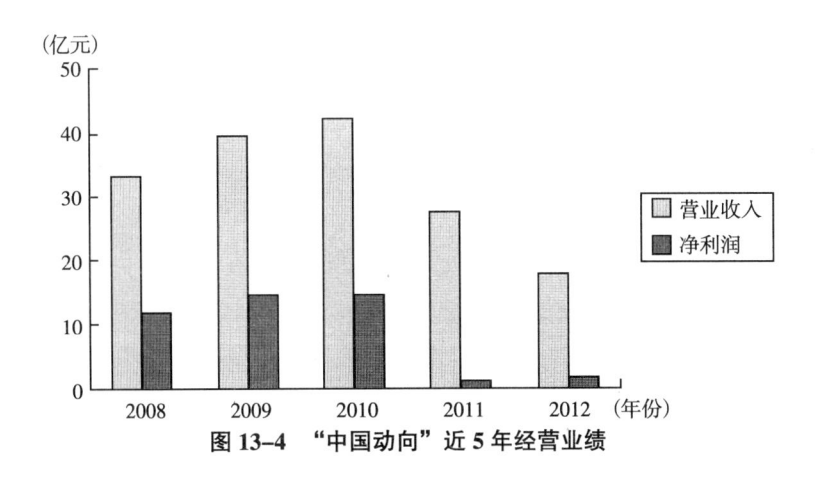

单位：亿元

	2008 年		2009 年		2010 年		2011 年	
	营业额	净利润	营业额	净利润	营业额	净利润	营业额	净利润
李宁	66.90	7.21	83.87	9.44	94.79	11.09	89.29	3.86
安踏	46.27	8.95	58.75	12.51	74.08	15.51	89.04	17.30
361°	13.17	2.03	34.47	7.40	48.49	9.83	55.67	11.33
特步	28.67	5.08	35.45	6.48	44.57	8.14	55.39	9.66
匹克	20.42	3.76	30.95	6.28	42.49	8.22	46.47	7.78

图 13-4　"中国动向"近 5 年经营业绩

此外，国内体育品牌企业不仅要应对行业的同质竞争，同时还受到休闲与户外装备替代品类市场的挤压。近年来，诸如哥伦比亚（Columbia）、北面（The North Face）和探路者（Toread）等户外服饰与装备品牌纷纷入市，对市场进行了切割。国产品牌探路者 2008~2010 年的销售毛利率分别为 45.17%、47.89%、49.04%，2012 年度公司营业收入突破 10 亿元大关。在行业调整和竞品替代的双重压力下，国内体育用品企业营业收入与利润增长都明显呈现放缓态势。

我们以李宁公司 2009 年年报数据为例来分析李宁的业务组合：2009 年，李宁集团收入达到 83.8 亿元，净利润 9.45 亿元。其中，核心品牌李宁牌的销售额上升 21.1% 至 76.9 亿元，占集团总销售额的 91.7%。李宁集团旗下各品牌表现不均，红双喜和乐途（Lotto）的收入分别为 4.27 亿元及 0.76 亿元，分别占集团总收入的 5.1% 和 0.9%，已处于稳健增长期。旗下艾高（AIGLE）、新动（Z-Do）和凯胜（Kason）收入合计 19 亿元，占总收入比例较小。从收入贡献上来看，鞋类及服装分别占总收入的 42.4% 和 46.9%，分别达到 35.56 亿元和 39.30 亿元，而器材及配件则占总收入的 10.7%，达 9 亿元。因此，目前从产品线组合为公司做出的贡献程度来讲，第一位是服装，第二位是鞋，第三位是器材和配件。[①] 如果用波士顿矩阵法来分析李宁的各个战略业务单元，李宁主品牌系列产品、红双喜子品牌系列产品属于明星类业务，乐途代理品牌系列产品及其他产品属于问题类业务。

在可预见的未来，青少年篮球、足球、跑步、游泳及羽毛球等体育用品市场将会呈现出潜力更大的市场空间。而人口老龄化趋势不仅可以带来医疗、保健类市场的繁荣，也必将催生出庞大的室内、室外、户外的新兴"银色"运动细分子市场。表 13-3 通过若干变量将体育用品市场进行了细分。届时，在全品类遍地开花的体育用品市场上，谁能够成为新细分市场的领跑者，抑或是"全品类杀手"，考验的不仅是企业对市场细分的把握程度，更是对国内体育用品全产业链设计与运营能力的全方位检验。2013

表 13-3　体育用品市场细分变量

细分变量	细分市场
诉求	专业运动、时尚运动、休闲运动、户外运动
性别	男、女
品类	运动鞋、运动服装、运动配件、运动装备
年龄	儿童、中青年、老年
使用场所	室内运动服饰、室外运动服饰、户外运动装备

---

① 2010 年度，李宁公司服装产品业务、鞋产品和配件/器材业务分别占比 50.5%、43.8% 和 6%，李宁主品牌与其他子品牌销售收入占比 92.1%、7.9%。2011 年度，李宁公司服装产品业务、鞋产品和配件/器材业务分别占比 51.7%、41.8% 和 6.5%，李宁主品牌与其他子品牌销售收入占比 91.4%、8.6%。

年3月，LINING-ADVENTURE（李宁探索）作为李宁集团授权的独立业务模块正式亮相，标志其进军中国户外装备市场。此外，2013年初李宁童装品牌也启用了新标识。这可以看做是李宁丰富产品组合的最新动向。

企业在市场上最基本的竞争载体是产品。随着竞争升级，价格、渠道、传播、品牌、服务和资本等手段会被成熟企业逐渐采用，现代企业之间最高级的竞争手段就是通过资本运营来实现企业利润的最大化并获得持久的竞争优势。通过资本来拓展业务进而提高企业的竞争能力，是各行业巨头应对竞争的有效手段。大规模的资本并购与投资行为可以完善企业的战略布局，但却要求收购企业在企业文化融合与管理输出方面具有强大的竞争力与执行力。多品牌的业务组合要求产业集合内部相互依存的各个业务单元之间通过共享与交换来实现交易成本降低和价值增值的经营目标。因此，李宁只有在多个业务之间寻找价值增值关键点，以经营效率与产业循环为核心、资源配置为手段，才能构建一个健康、有序、互动的产业生态系统。这也是对李宁系统整合能力的最大挑战。

企业愿景，平衡国内与国际市场

全球资深企业品牌战略专家菲欧娜·吉尔摩女士曾说，全球品牌之所以能够享誉世界，除了具有强大的知名度，更在于它们有深层次的文化认知度。自从2004年在香港主板上市之后，李宁公司就逐渐明确了企业的国际化愿景：2005~2008年专注国内市场，2009~2013年为国际化做准备；2014~2018年全面国际化。届时，国际市场份额能够占到公司总销售额的20%以上，李宁能够成为世界前5位的品牌公司。从目前的竞争情况来看，李宁的品牌国际化规划基本以失败告终。

李宁为了有效避免与耐克在篮球领域、与阿迪达斯在足球领域的正面竞争，选择了在中国和东南亚具有普遍群众基础而又具备国际市场推广前景的羽毛球运动作为突破口，希望借此形成差异化品牌形象。之所以选择羽毛球作为品牌国际化载体的主攻方向，还有一个重要原因是：与服装、鞋等其他运动装备相比，羽毛球器材是更易于国际化的标准化较强的运动品类，可以降低企业进入国家市场的生产和配送成本，市场运作成功几率较高。

自2007年12月，李宁羽毛球项目推出了全系统装备。它不仅在"全国羽毛球锦标赛"、"全国羽毛球冠军赛"、"苏迪曼杯"、"中国大师赛"和"中国公开赛"等重要国内专业赛事上加大投入，还非常重视国内业余羽毛球比赛的组织和赞助，将更多的品牌体验放在日常民众参与度高的体育活动当中来，极大地提升了李宁在消费者心目中的品牌认可度。2009年，李宁进一步取代尤尼克斯，成为中国羽毛球队的主赞助商，进一步巩固了其在羽毛球专业设备领域的差异化竞争优势，并成功签约林丹。至2010年6月，李宁在羽毛球市场的份额达到30%。鉴于东南亚地区是羽毛球运动普及程度较高的海外市场，李宁希望以羽毛球产品和东南亚地区作为李宁公司国际化试水的第一步，以此进行组织准备、系统准备和经验积累。目前，李宁在东南亚市场上以专门店的形式设立了逾百个羽毛球产品销售点。

思考之四：

2010年7月，福布斯联合Interbrand发布了2010年中国品牌价值榜单，"李宁"品牌被估价为57.7亿元人民币，排在中国品牌50强的第19位。国际权威的美国市场研究机构《体育用品情报》SGI针对全球体育用品产业公司推出的市值排名表显示，李宁公司位列世界综合运动品牌前四强。目前，李宁公司的销售收入有99%来自国内市场，这充分说明企业在国际市场上的弱势地位。但是，近年来李宁在国际市场上的营销努力有很多地方可圈可点，如其成为西班牙和阿根廷两国国家篮球队的合作伙伴；从1992年起赞助中国奥委会走过辉煌16年；签约"撑竿跳女皇"伊辛巴耶娃、世界"标枪王子"——挪威运动员安托希尔德森、美国篮球员达蒙琼斯及奥尼尔,让他们用专业运动员身份为李宁品牌代言;在香港设立设计及研究中心;在美国俄勒冈州建立设计研发中心,并开设专卖店;在新加坡设立旗舰店;聘用外籍人士担任鞋产品系统总经理;与eBay合作搭建面向国外市场的在线销售渠道;等等。

纵观跨国公司的发展历程,从国内市场走向国际市场,是企业逐渐成熟壮大的必由之路。简单来说,市场国际化是国内消费者的相似需求向国外市场的转移,企业应该注意的是需求在海外目标市场的差异性,并进而对产品或者服务进行改良或者更新就水到渠成了。但正是因为海外目标市场的差异性需求(包括政府部门、商业合作伙伴、渠道成员和最终消费者等)是由于政治、经济、技术和文化等方面的原因综合影响而逐渐形成,因此,要对国际市场有一个清晰、全面的了解,对中国的企业来说是一个非常大的挑战。

市场国际化进程,本质上是资源在全球范围之内重新配置的一个过程,实际上是本企业可持续竞争优势在海外市场的延伸和提高,而不仅仅是国内规模经济产能的国外延伸。从更深层次上来看,它是企业价值链条加入国际大环境的一个开端,更应该是品牌营销国际化的过程。如果说不少中国品牌由于具有深谙国内市场竞争环境的优势,在国内市场将国际品牌取得纷纷"斩落马下",那么它们能否在国际市场与国际品牌进行深层次的全面竞争将是对包括李宁在内的中国品牌取得持续竞争优势的真正挑战。

在任何行业,都存在着同质化的竞争。但对于消费者来讲,只要你拥有强大的品牌,他们就愿意为之付出溢价。这并不是简单频繁地签约运动员或者高价聘请若干代言人就能取得的市场回报。体育品牌向市场索取溢价,得益于其出众的产品设计为顾客带来的卓越消费体验,也需要依靠强大的品牌传播向目标群体倡导一种健康、向上的生活方式或者价值观念。从产品入手,用品牌精神鼓舞目标消费群体,让顾客体验卓越的产品功能设计与积极、时尚的品牌理念,是中国体育用品企业在新一轮竞争中的营销利器。

1999年，以携程为代表的企业看到了中国市场在线旅游的商业机会，通过"鼠标+水泥"的商业模式成功地在中国在线旅游市场站稳脚跟。在逐步奠定行业细分市场领导者地位的过程中，携程也几乎成为了中国在线旅游代理商的代名词。中国在线旅游市场的快速增长，吸引了越来越多的竞争者加入，也为携程的战略营销模式带来了新的挑战。根据携程2012年年报数据显示，2012年，其营业收入为42亿元，同比2011年增长19%；净利润为7.14亿元，同比2011年下滑34%。面对激烈的市场竞争，以创新营销模式进入市场的携程能否保持一如既往的竞争优势？

携程：在线旅游商业模式创新之旅

2013年3月22日，《北京商报》报道称，携程收购酷讯已经进入实质性谈判阶段，并将在线旅游搜索引擎纳入公司的业务范围，以增强企业竞争优势。[①] 从创立至今，携程在10余年的时间里已经从一家单纯的"酒店+机票"在线预订商发展成为具有强大品牌效应的在线旅游服务资源的整合者与运营商。

价值再造，专注在线旅游服务

根据中国互联网络信息中心（CNNIC）发布的《第25次中国互联网络

---

① 现在，以去哪儿、酷讯为代表的两大旅游搜索引擎是机票、酒店等产品的比价平台，也是各大在线旅游网吸引客源的重要途径。

发展状况统计报告》显示，2009年网上旅游预订用户规模增长了1324万人，达到3024万人，增幅达到77.9%。其增幅仅次于网上支付（80.9%），超过网络炒股、网上银行和网络购物的用户规模增长（分别为67.0%、62.3%和45.9%）。而携程庞大的会员基数与签约酒店、航空公司的规模更是占据了该市场超过50%的份额。根据艾瑞咨询数据显示，2012年中国OTA[①]市场营收规模为94亿元，较2011年的78.6亿元增长19.7%。市场格局方面，携程、艺龙、同程位居前三位。

传统上，中国酒店业以政府为投资主体，其重要功能在于为外事、商务和政务接待提供服务，客房销售主要依靠国有旅行社的分销网络。从1982年半岛集团管理北京建国酒店开始，一批国际酒店集团相继进入中高端旅游市场，丰富了市场供给。另外，国内消费者自助游的兴起与频繁的商旅活动为旅游业带来了新的市场机遇，随后经济型酒店和商务酒店等新兴业态纷纷涌现。但是，酒店行业在分销渠道建设方面的滞后以及国资背景旅行社的落后管理并不能为旅行者提供信息获取上的便利，市场也因此出现了新的机会。

携程正是在这样的背景下创建的。1999年，携程旅行网（www.ctrip.com）在上海上线运营，主要为散客提供酒店和机票网上预订业务。通过网络平台，携程为旅行者提供了一个具有横向比较的旅游产品"大卖场"和低于酒店前台的报价，逐渐吸引了众多的会员。随着业务量的扩大和注册会员的增加，携程将更多的酒店、旅游线路和航线纳入了自己的合作范围。在携程网，旅游者可以通过信息对比来选择更加适合自己、性价比更高的旅游产品。而国内消费者能够享受到互联网接入服务的增多和旅游需求的增加，更是助推了携程商业模式的成功。

在《财富》杂志评选出的2009年全球增长最快的100家公司名单中，

[①] Online Travel Agent（OTA），在线旅游代理商。

携程位列第 38 位。在中国旅游研究院发布的"2009 年度中国旅游企业 20 强"报告中,携程以 200 亿元营业额排在旅游集团第五,在非国有旅游企业里排名第一位。携程没有为顾客提供传统意义上的产品或者服务,其"呼叫中心+互联网"的预定平台也很容易被后来者所模仿。2012 年,携程员工总数为 1.9 万人,其中呼叫中心员工(客服代表)达到 1.09 万人,研发人员 4700 人、管理与行政人员 1200 人、销售队伍 2200 人。是什么原因使得企业获得如此的成绩?看似如此简单的携程,为何却无法让竞争对手超越?

旅游产品的核心价值是信息对称与服务创新。在中国旅游市场,携程关注的焦点是对现有旅游资源的整合与旅游链条中的价值再造。通过把遍布各地的酒店与航线资源汇集到网络平台,一方面可以大量节省旅行者在信息搜索方面的时间;另一方面由于携程为酒店提供了一个崭新的分销渠道模式,因此酒店也乐于以"协议"价格将客房资源交给携程。因此,借助第三方平台,携程在旅行者与酒店之间搭建起了一个价值沟通桥梁。携程在一定程度上解决了旅行者在购买旅游服务产品过程中的信息不对称问题,也帮助酒店企业开拓了销售渠道。价值再造,可以说是携程商业模式成功的首要保证。

平台整合,构建产业生态链条

起步于"酒店+机票"预订的携程,从本质上来讲属于顾客与旅游产品提供商之间的中介服务机构,其盈利焦点的关键在于旅游资源信息集成与报价优势。在网络技术逐渐完善和网民使用习惯养成的背景下,更多的竞争对手加入在线旅游行列,例如,中青旅、中旅等传统旅行社纷纷"上线"经营,艺龙等在线旅游服务提供商在市场上涌现。可见,携程需要对在线旅游产业进行深入的整合才能保持其竞争优势。

依托先期积累的旅游资源平台优势，携程与酒店的合作关系也进一步深入。例如，携程策略性地整合低星级酒店资源，成立"星程联盟"，通过提供品牌与营销支持的方式将众多低星级酒店纳入自己的控制之下。此外，还通过直接参股的方式分享其他优质酒店资源。庞大的酒店预订总量为携程带来充裕的佣金收入，也获得了酒店作为销售业绩奖励的"免费房"。为了不扰乱酒店本身的销售系统，携程将"免费房"与机票进行捆绑销售，以具有竞争力的价格将自由行度假产品（即"机票+酒店"组合销售）推向市场。这时，携程已经从单纯意义上的订票中介向旅行社角色转变。此外，根据国内商旅人士在酒店和航空领域支出增加的现实情况，从2000年开始，携程针对企业客户推出了"商旅管理"业务。携程商旅管理一方面可以为企业客户提供"一揽子"的出行旅游产品，还可以节省企业的差旅费用支出。但是，携程并不具备经营国内外旅游的经营资质。

2003年12月，作为中国旅游电子商务概念企业，携程成功在美国纳斯达克上市，直接融资额超过7000万美元（约人民币5.8亿元）。之后，公司将这笔钱一方面用于市场开拓、技术更新和产品研发，以进一步巩固其在旅行分销领域的市场份额，另一方面针对传统旅游企业展开了策略性收购。这为携程进入新的业务领域和通过资本整合产业资源提供了平台支持。

为了解决"身份问题"，2004年2月，携程通过战略合作的方式收编了上海翠明国际旅行社，得到了现成的出境旅游经营权和在国内经营旅游业务的资格，正式进入度假业务市场。在发展模式上，携程度假产品也逐渐向除"机票+酒店"组合之外的导游、租车和门票等业务领域拓展。到2009年，携程已经拥有12家旅行社，其中4家是国际旅行社。目前，携程已经成为可口可乐、索尼、施耐德、爱立信、松下、阿里巴巴、万科、李宁和宝钢等300家大企业客户差旅外包服务的提供者。度假业务也已经占携程总业务量的8%左右,成为又一大业务支点。

为了保证与线下旅游服务提供商之间的深度连贯性模式,携程又以一种新的合作形式来整合旅游产业链条——参股或者控股酒店。之后,携程展开了一系列的收购兼并行为:2009年5月,携程通过股份增资成为如家第一大股东;2010年3月,携程分别签署收购汉庭约8%和首旅建国酒店15%股份的正式协议;2009年8月,携程控股中国台湾最大网络旅游服务提供商"易游网";2010年1月,携程宣布收购香港永安旅游90%股权等。这样,携程逐渐形成了以"酒店预订、机票预订、度假预订和商旅管理"四大业务模块为主导,集线上预订平台与线下旅行社、酒店为一体的综合性旅游服务整合者和提供商,也构建出了一条清晰完整的旅游产业链条。目前,携程在境内已成立14家全资旅行社公司,旅游服务网络已经扩展到全国60多个城市、全球数百个旅游目的地。

竞争合作,敦促服务模式升级

携程商业模式之所以能够获得市场认可,最为重要的是其具有强大的旅行者会员资源(目前,携程已经拥有3700万会员),这类似于家电业中的国美和苏宁,拥有强大的销售平台,而无须设立店面的模式则具有类似阿里巴巴商务平台的优势。凭借庞大的终端用户资源,它们在与生产商或者实际服务提供者谈判时拥有较大的话语权,也能够获得较低的采购成本。因此,通过酒店和机票预订来获得佣金也成为了携程的主要盈利模式。[①]根据携程发布的2009年年报数据显示:2009年携程网的营业收入达

---

① 根据携程2012年年报数据,酒店预订业务占到公司总营业收入的39%,达到17亿元。2012年5月1日至12月31日,携程从酒店合作方星程酒店获得的佣金收入是710万人民币。

到21.2亿元，同比增长34%，归属于股东的净利润为7.9亿元人民币，同比增长38%。其中，收购的台湾易游网（ezTravel）为公司带来1亿元的净营业收入及5%的收入增长，机票和酒店预订收入占比高达87%，占据携程总营业收入的绝对比例，如表14-1所示。2012年携程来自酒店预订业务的营业收入为17亿元，同比增长15%，占据公司总营业收入的39%，2011年这一比例为40%。

表14-1　2009年度携程主要业务收入来源

业务类型	营业收入（亿元）	同比增长（%）	总营收占比（%）
酒店预订	9.56	25	45.09
机票预订	8.88	35	41.89
旅游度假	1.77	62	8.35

根据CNZZ统计显示，截至2009年6月底，我国共有4.92万家与旅游行业相关的网站，比2009年1月增长了31.74%。2009年12月底，全国旅游网站的日均访客数量达1907万，在全部网民中的渗透率达4.97%。可见，在线旅游服务平台已经成为酒店和机票销售业务中不可或缺的分销渠道。在整个酒店预订市场，携程市场占有率已达2%~3%，而在机票领域占有率为7%~8%，在线旅游服务商的市场力量可见一斑。在这个过程中，在线旅游网络平台的话语权也越来越大，例如，不少酒店通过在线旅游网站实现的客房预订量占酒店客房销售比例从一开始的1%，渐渐地上升到了5%、10%，甚至20%以上。而更多像芒果网、艺龙网和易游网等竞争对手加入在线旅游市场，让携程在保证服务质量的同时，也通过"最低价格"承诺来吸引和挽留顾客，这样就会进一步压缩酒店和航空服务实际提供商的利润空间。因此，携程等在线旅游服务预订平台也就有了酒店和航空企业"提款机"的称呼，两者之间的矛盾一触即发。

2009年初，"携格之争"将酒店供应商与渠道商之间的矛盾首次公开化。① 而在此前就有诸如 7 天连锁、锦江之星等很多酒店通过建设自有分销网络和开展多渠道销售等方式来削弱包括携程在内的在线旅游服务商的议价能力。以携程为代表的在线代理商，其主营业务都是酒店预订和机票预订，都以收取佣金为主要盈利模式，竞争对手之间可模仿性很大，导致在线代理商之间竞争异常激烈。另外，产业链上游厂商直销力度的加强，垂直搜索网站的出现，使得酒店和机票价格的透明度越来越高，佣金降低的趋势也为在线代理商形成了强大压力。

目前，携程的生存和发展受到了来自同行和上游旅游企业两方面的压力：一方面其他在线旅游服务商通过"价格+服务"方式侵占市场，② 另一方面酒店、景区、航空公司、租车公司自建旅游服务线上直营渠道和佣金政策调整也给携程造成了业务分流和利润缩水。③ 此外，2006 年 10 月创立的途牛旅行网，针对大众旅游客户，通过"网站+呼叫中心+手机客户端"提供相对标准化或者个性化的旅游线路选择服务，在此基础上拓展"吃住行游购娱"全面配套预订服务，这种模式由于其"系统服务商"的特性被认为是在线旅游商业模式的一种革命。2012 年 6 月之后，中国在线旅游市场掀起了以"降价、返利"为主要形式的价格战争，给全行业的竞争对手造成了巨大的利润实现压力。④ 2012 年 7 月，携程宣布投入 5 亿美元开展为期一年的酒店在线预订业务促销活动。此外，面对移动互联网时代的消费

---

① 格林豪泰推出其酒店 4 周年庆典促销活动，携程网认为格林豪泰的做法触及了它的"价格最低承诺"。在双方多次协议未果后，携程网将在线销售的格林豪泰酒店全面下线。

② 目前，淘宝旅游、去哪儿网、艺龙、酷讯及同程网等市场后来者正在瓜分携程的市场份额。例如，2010 年芒果网进行了重新定位，主要面向大学生、背包客一族提供廉价酒店、青年旅社等差异化服务。根据劲旅网 2012 年 12 月发布的主要在线旅游网站酒店预订业务用户覆盖数监测，2012 年 11 月，在线旅游网站酒店预订业务用户覆盖数排名前 5 位的是：去哪儿网、携程、酷讯旅游网、艺龙旅行网以及芒果网。

③ 例如，2010 年，法航—荷航集团宣布从 4 月 1 日起取消中国内地代理商的机票佣金；7 月，中国国航、南航将部分国内航班的机票销售佣金下调约 2%，至总票价的 3%。

④ 以艺龙网为例，2012 年公司实现了 7.44 亿元的业务收入，同比增长 27%，但净利润只有 47.1 万元，同比降幅 98.7%。

特点,传统地面销售人员在机场、火车站的劳动密集型"地毯式"销售模式受到挑战。从2012年下半年开始,携程大面积裁减地面销售人员,除保留北京、上海、广州、深圳七大机场渠道外,二、三线城市机场、火车站、汽车站等地面销售员工全部撤销。总的来看,携程的对手既包括艺龙网和芒果网等同时进入市场的竞争者,又有逐渐建立自营在线分销渠道的航空公司、景点、酒店,还包括京东、淘宝等进入旅游产品的电商巨头,拥有用户规模优势的电信运营商,以及团购、移动互联网等新兴商业模式。可见,携程想要在市场上保持持久的竞争优势,就需要对以服务价值再造为基础的商业模式进行升级。

为此,携程不仅从人才培养与储备上下工夫(公司一方面从高等院校和社会上招聘合格的优秀人才,另一方面通过"携程大学"对企业的中高层管理者进行持续有效的岗位培训),还在新业务领域的开发方面做出了一系列调整。在市场覆盖方面,携程通过整合台湾易游网和香港永安旅游进入大陆游客两大旅游目的地市场,还与国内外旅行企业合作推广境外游旅行产品和服务。在度假旅游市场服务方面,公司在利用现有平台销售机票和酒店的基础上,还采取外部合作的形式将触角伸向旅游地租车服务和景点门票销售领域。为了进一步细分市场,携程还将目标锁定在了中国富裕阶层的高端旅游市场,为顾客提供豪华旅游综合服务。此外,携程还与广泛的社会商业、服务机构展开了一系列的联合促销,详情参见表14-2。但是,运营效果如何还需要经过市场的进一步检验。

表14-2 2010年携程的联合促销事件

时间	重要事件
2010年3月	沃尔玛中国与携程旅行网启动"上海2010世博快线"销售,全国11个城市的45家沃尔玛购物广场和3家山姆会员店开始销售"世博快线"产品
2010年4月	携程推出覆盖上海、北京、广州、深圳、成都、杭州等大陆景点和景区,以及港台著名景点和景区的一系列低碳旅游线路
2010年4月	携程推出无线手机网站。消费者通过手机登录携程手机网预订机票和酒店,除了获得与传统预订渠道同样优质的服务外,还能实现个人信息的全面管理

续表

时间	重要事件
2010年4月	携程与杭州市旅游委员会联手推出全国首张携程城市联名卡"携程世博之旅·杭州卡",10万张卡将享受在世博会期间杭州免费旅游消费券促销优惠
2010年4月	携程联合中国银行展开针对"中银携程信用卡"开展"完美礼行,等你发现"活动。持卡者同时享受中国银行及携程会员优惠商户打折活动

现今,携程明确了自身在新时期的战略定位:将"鼠标+水泥"模式的携程打造成一个向中小旅行社与第三方开发者开放的平台,并将向移动互联网进军。公司希望同时推进酒店事业部、机票事业部、无线事业部、旅游度假事业部和商旅管理事业部五大事业部的业务,来获得稳定而快速的市场扩张。在休闲旅游、商务旅游与互联网产业快速发展的带动下,将有更多的线上、线下企业加入在线旅游服务的竞争行列中来。携程能否保持其在价值挖掘、创造和传递领域一贯的竞争优势,将对企业在价值再造、市场地位、人力资源和运营能力等方面提出一系列的挑战。

富隆酒业，于1996年在澳大利亚悉尼创立，同年在广州富隆成立，是一家专业营销中高端进口葡萄酒的品牌机构。经过十多年的发展，富隆酒业已经形成集批发和零售（酒窖、酒屋、酒坊、酒膳）为一体的专业性进口葡萄酒经营商。在中国市场，富隆酒业凭借自身对进口葡萄酒需求特点与消费趋势的准确把握，以推广葡萄酒文化为公司的经营理念，从多种渠道进行葡萄酒文化知识的传播，成为中国葡萄酒文化教育的先驱者。在激烈的市场竞争中，富隆酒业成功地树立起企业在分销与服务领域的卓越品牌。

富隆酒业：专业经营成就服务品牌

2012年5月，由中国连锁经营协会主办的"第14届中国特许加盟大会"在北京召开，富隆酒业连续两年荣获"中国特许连锁120强"的称号，并成为"中国优秀特许加盟品牌"榜单上唯一一家葡萄酒企业，成为中国葡萄酒市场专业加盟的零售连锁品牌标杆之一。在众多的进口葡萄酒运营商中，富隆酒业凭借其独特的经营模式成为国内葡萄酒市场上的品牌综合营运企业。

洋酒汹涌，市场涌现多极运营模式

在市场竞争中，产品可以改变，品牌诉求可以改变，渠道选择可以改变，促销手段可以改变，但是唯一不变的是顾客对于特定产品的在物理、生理和精神上的需求。可以说，企业只有用不断变化的营销手段才能博取顾客对品牌的认可与忠诚。在国内的进口葡萄酒领域，也面临着诸如消费升级和竞争升级等市场环境的变化，如何"与时俱进"地转变营销思路，也是进口葡萄酒商所要回答的竞争话题。

近年来，随着葡萄酒进口关税的逐渐走低和国内民众消费能力与观念的不断更新，来自新、旧世界的众多葡萄酒品牌蜂拥而入中国市场。与全球传统葡萄酒国家消费市场出现萎缩相比，中国市场则呈现出了巨大的上升空间。中国葡萄酒行业市场规模从2002年的50亿元增长到2012年的400亿元，其中进口酒也呈现"井喷"之势。根据中国海关与国家统计局相关数据显示：2010年，全国葡萄酒产量108.88万千升，全国葡萄酒相关产品（包括葡萄酒、葡萄汽酒、白兰地和味美思）进口30.48万千升，同比增长162.75%，进口额13.33亿美元，同比增长153.44%。其中，装入2升及以下容器的鲜葡萄酿造酒（即瓶装酒）进口14.63万千升，同比增长60.7%；装入2升以上容器的鲜葡萄酿造酒（即散装原酒）进口13.71万千升，同比增长70.91%。

而在这个过程中，葡萄酒也成为众多业内外资本垂青的"香饽饽"。根据中国副食流通协会的《2009~2010中国葡萄酒市场发展年度报告》，目前仅中国进口葡萄酒产业联盟收录的专门从事进口葡萄酒经销与流通业务的企业就达到24137家（大陆地区），整个行业类似企业在3万家左右，在售的进口葡萄酒品牌多达1386个，其中主要从事法国葡萄酒经营的企业占到73%。而且，经营的进口葡萄酒各类企业根据自身自有优势，纷纷搭建起了适合自己的营销模式，其中富隆酒业、名品世家、骏德、夏朵、卡斯特和广东龙程等是典型代表，具体营销模式参见表15-1。

表 15–1　进口葡萄酒中国市场营销模式

营销模式	代表性企业
品牌运营商营销模式	以卡斯特等主打企业/产品品牌为代表
专业进口商营销模式	以富隆等进口葡萄酒连锁专卖为代表
品牌代理商营销模式	以张裕等国内生产型品牌企业为代表
渠道运营商营销模式	以广东龙程等国内大型流通商为代表
其他代理商营销模式	以各种业内外中小型代理企业为代表

多管齐下，专业经营成就服务品牌

与国内传统消费酒种白酒、黄酒和啤酒相比，葡萄酒市场消费虽然逐渐上升，但是消费文化还是停留在时尚、身份识别等层面，消费文化还显得比较单薄。此外，由于进口葡萄酒品牌繁杂，[①] 在销售进口葡萄酒的过程中，运营商一方面要帮助消费者采购具有良好性价比的产品，另一方面还需要通过恰当的渠道让消费者容易购买。简单来说，面对繁杂的进口葡萄酒，消费者需要运营商的商业品牌背书，才能减缓购买决策过程中的信任风险。也就是在这种背景下，整个进口葡萄酒市场需要酒水运营商更多地为消费者提供包括葡萄酒文化培训、侍酒知识传播、品酒礼仪等在内的诸多服务。

创立于1996年的富隆酒业，在起步之初就定位于进口葡萄酒专业销售商。遵循"由点到面"的市场开拓步伐，富隆一方面逐渐将触角延伸到了全国各地，另一方面也构建起了一个完善的分销渠道系统。尤其是从2005年开始，富隆从进口商兼经销商，逐渐向进口、经销、零售为一体的专业化进口葡萄酒机构过渡，企业也进入了快速发展的轨道。目前，富隆

---

① 具体体现在品牌多、品牌名称不便于记忆识别、价格体系不统一等。不少普通消费者认可法国、澳大利亚、意大利等葡萄酒生产国的国家品牌，但对各个生产国在中国市场销售的葡萄酒品牌知晓度并不是很高。

酒业独家代理了 200 多个国外品牌，并根据各地区经济情况与市场成熟度，在全国建立起了四种形式的连锁零售终端服务网络：奢华葡萄酒文化生活会馆——富隆酒窖、时尚葡萄酒专卖店——富隆酒屋、高档商超连锁便利专柜——富隆酒坊、精品葡萄酒＋尊贵餐饮会所——富隆酒膳。富隆酒业在市场开拓过程中经历了一系列里程碑式的事件，并形成了独特的复合分销渠道模式如表 15-2、图 15-1 所示。此外，富隆酒业开始尝试与海外知名酒厂联合开发针对中国市场的新产品，如与法国"柏图斯庄园"合作推出了柏图斯家族精选，酒标上除了有柏图斯家族的标识，还有富隆酒业的英文名称标识"Aussino"。

表 15-2 富隆酒业市场进化路线

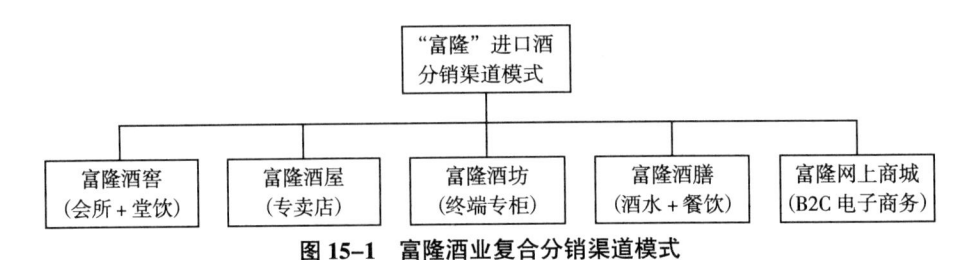

时间	事件
1996 年	澳大利亚富隆在悉尼创立；广州富隆成立
1997 年	北京富隆成立，开始全国市场体系布局
1998 年	富隆开始与国内高端中餐厅合作
2000 年	成都富隆成立，辐射西南部市场
2001 年	重庆富隆成立，加强中西部市场渗透
2002 年	富隆开始进军高端商超百货渠道
2003 年	武汉富隆成立，辐射华中市场
2004 年	富隆介入国际星级酒店、高端酒吧、咖啡厅和会所等领域
2006 年	富隆进军葡萄酒零售市场，旗下首家"富隆酒窖"开业
2008 年	香港富隆成立，借力香港"零关税"优势
2008 年	富隆旗下首家"富隆酒膳"在广州开业

图 15-1 富隆酒业复合分销渠道模式

更为重要的是，富隆不仅将自身定位于进口葡萄酒的专业销售商，还更加注重自身为购买者提供的诸多服务上,以践行其"您身边的葡萄酒专家"的企业口号。服务营销是一个传播文化的过程、是一个存在于受众头脑当中的认知结果。对于葡萄酒产品来说,只有做好将产区、产品与品牌三者同时包容的文化传播活动,才能在受众心目中形成综合的价值认知。富隆正是遵循了这样一条独特的文化传播与推广路线,逐渐成就了"文化+服务"的专业品牌形象,如图15-2所示。

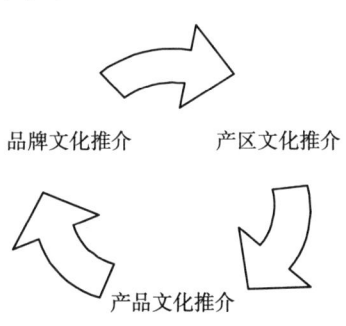

品牌文化推介　产区文化推介

产品文化推介

图15-2　富隆酒业服务品牌要素

在多渠道分销模式之下,富隆酒业针对不同目标消费群体的差别需求,将葡萄酒文化、国别产区文化、品牌故事和酒品鉴赏等内容巧妙地贯穿到人们社交休闲的餐饮消费环节,具体的"文化+服务"市场推广模式参见表15-3。通过多种形式的文化传播与推广,富隆酒业逐渐在市场上树立起了强大的店铺服务品牌——消费者不仅可以购买到放心的进口葡萄酒产品,还可以在文化传播活动中领略到"身未动,心已远"的精神徜徉。

表15-3　富隆酒业文化、服务推广模式

服务推广活动	具体内容
主题晚宴	2005年以来,富隆酒业与国外知名酒庄开展品牌联合营销活动,在中国主流城市举行各种主题晚宴,实现了时尚、慈善、健康、品鉴和社交等多重元素之间的混搭,以此来促进产品的销售和品牌的传播
富隆国际葡萄酒文化节	始创于2006年,是富隆葡萄酒文化推广活动的重头戏,在全国主要城市定期巡回举办。文化节包括葡萄酒知识讲座、世界葡萄酒品味沙龙、精品葡萄酒晚宴三大篇章
月度品酒会	富隆每月于酒窖或酒屋等店铺举办不同主题的品酒会,由专业葡萄酒讲师主持,邀请众多外国名庄庄主和酿酒师出席,与各地葡萄酒爱好者分享葡萄酒的魅力

续表

服务推广活动	具体内容
富隆葡萄酒文化中心	面向业内外人士开展专业知识培训，不仅树立了培训服务品牌，还为公司带来了可观的收入
富隆会	富隆酒业旗下的俱乐部，目前拥有2万多名会员，计划在未来5年内发展至超过5万名会员
专业杂志	出版《葡萄酒导购》、《葡萄酒鉴》等系列丛书及《富隆美酒生活》期刊，针对会员或者公众的《富隆酒鉴》、《富隆美酒生活》等杂志承担起包括葡萄酒知识、世界酒庄巡礼等内容的文化传播责任

如果说与国内酒水品牌相比，先期诸多进口葡萄酒经营机构为了避免自身在渠道、品牌和传播等方面的先天劣势，而通过举办各种文化市场推广活动加强渠道与最终用户服务来辅助产品销售的做法属于"不得已而为之"的权宜之计，那么在葡萄酒消费市场上的产品多样化、分销渠道细化、消费能力提高、消费观念开放的逐步成熟，服务营销反而成为其立足市场的利器。对此，名品世家（北京）酒业连锁有限公司总裁金炜表示："中国经济已由产品经济时代转向产业经济与金融经济相结合的时代，由单纯的卖产品时代转为塑造服务品牌并创市值作价值的时代。"可见，消费环境的变化必然促使诸多行业的产品提供商逐步向综合服务运营商转变。

目前，中国90%的进口包装葡萄酒（2升以下）来自以下6个国家：法国、澳大利亚、意大利、西班牙、美国和智利。其中，智利、西班牙和澳大利亚是中国最大的散装酒供应国，共占有84%的市场份额。在进口瓶装酒领域，法国酒稳占中国市场46%的市场份额，澳大利亚以16%的份额占据第二位。凭借卓越服务品牌的强大感召力，富隆酒业从原先的澳大利亚葡萄酒代理销售逐步扩展到其他国家产区的优质葡萄酒销售。现今，富隆向国内消费者提供来自全球12个著名葡萄酒出产国、200多个国际一线精品庄园的1000多款葡萄酒产品。2010年，富隆酒业通过旗下224家总店、185家加盟店的连锁分销网络以及传统批发渠道,[①]达到了4.7亿元的销售规模,成为中国进口葡萄酒领域的典型代表之一,而支撑其骄人业绩的正是以"专业渠道+文化推广+服务营销"为主线的运营模式。

富隆酒业掌门人沈宇辉认为,未来要做大葡萄酒连锁市场,靠的依然是"三把利器":文化传播建立品牌忠诚度;为客户提供红酒知识和专业培训;让自己的产品走专业化路线,避开商业性酒厂的"通路"销售方式。富隆酒业通过专业经营葡萄酒产品,以通路为载体、以服务为依托、以品牌为突破的发展路径,虽然在短期之内没有可复制性,但是其超越产品、专注服务的品牌营销模式为更多业内外企业在新竞争环境下的运营角色转变提供了一条切实可行的突破路径。

---

① 富隆酒业是超过8000家国内顶尖中西餐厅、酒店、会所、时尚餐饮、夜总会、酒吧及高级商超的进口葡萄酒供应商。

云南白药1902年由曲焕章创制，原名"曲焕章百宝丹"。1956年，昆明制药厂正式接收了曲焕章妻子缪兰英贡献的百宝丹，并把它改名为"云南白药"，投入批量生产。问世百年来，云南白药以其独特、神奇的功效被誉为"中华瑰宝，伤科圣药"，也由此成名于世、蜚声海外。进入21世纪之后，云南白药通过一系列的战略创新，市场业绩获得了持续稳健的增长，成为"中华老字号"品牌复兴的典型代表企业之一。

云南白药：纵横蓝海的品牌舵手

近几年来，传统中华老字号"云南白药"带给市场一连串的惊叹号，最为典型的代表就是云南白药创可贴和云南白药牙膏等新产品的推出。从1902年"曲焕章百宝丹"问世以来，云南白药经历了一个多世纪的洗礼，依然深植于市场竞争的泥土中卓越成长。本部分正是通过阐述云南白药集团从原来单一的白药产品转变成为现今的跨行业、多层次产品组合结构，来分析云南白药的品牌开发和提升策略，进而呈现一个"创新超越竞争"的企业成长案例。

产品创新，白药启动品牌再造

如果企业不能够围绕消费者不断变化的行为模式开展产品创新，那么就会被竞争对手所超越。在快速止血产品领域，云南白药的教训可谓深刻。一直以来，云南白药是中国市场上快速止血产品领域的绝对领导品牌。1992年，美国强生公司（Johnson & Johnson）的邦迪创可贴（Band-Aid）进入中国市场，虽然邦迪并不是一种药品，但它适应了方便易用的消费诉求，从而对本领域传统的云南白药"散剂"①形成了强大的替代效应。而且，强生公司还对邦迪进行了大规模的广告宣传，迅速在市场上形成品牌认知，短短几年之内就成为快速止血产品领域的畅销品牌。由于没有能够及时洞察消费市场的新变化，云南白药就这样逐渐失去了这一传统的市场。

在经历了20世纪90年代前期单一产品结构带来的发展阵痛之后，从1999年开始，云南白药开始逐渐树立产品、技术和品牌的革新观念，并开始关注产品的创新问题。2001年3月，云南白药公司投资450万元成立云南白药集团上海透皮技术②研究有限责任公司，专门负责云南白药创可贴与云南白药膏的研究、生产和销售。这两种新产品一方面注重满足消费者使用便利的诉求特征，另一方面充分利用消费者对云南白药品牌认知（止血、镇痛、消炎、愈创）的优势，对传统"散剂"等产品形式进行了深度创新。之后，云南白药与拜尔斯道夫和3M等国际知名企业展开了技术研发和生产流通方面的合作，以保证产品研发的创新性和产品生产的实用性。

基于白药配方的创可贴，使得云南白药在与邦迪等品牌的竞争过程中找到了支点。在2001~2003年，含有白药配方的创可贴分别实现销售回款3000万元、6500万元和5800万元。为了加强云南白药创可贴的市场认可

---

① 散剂（Powders）也称粉剂，系药物与适宜的辅料经粉碎、均匀混合而制成的干燥粉末状制剂。供内服或外用。

② 透皮技术也叫透皮给药系统（Trandermal Therapeutic Systems，TTS）是指在皮肤表面给药，药物由皮肤吸收进入全身血液循环并达到有效血药浓度，实现疾病治疗或预防的一类制剂。透皮给药系统可以包括软膏、硬膏、贴片、涂剂和气雾剂等。

度，2005 年，云南白药开始在 CCTV-1、CCTV-5 等强势媒体上打出"差异化"的品牌定位，展开大规模广告攻势，让消费者明白其功效。与邦迪（"械字号"）有所不同，云南白药创可贴由于含有药用成分（"药字号"），因此只能在药店销售。2005 年 8 月，云南白药集团与爱尔兰 Alltracel 制药公司合作开发新型止血产品。通过合作，云南白药推出不含药的创可贴，由药品转变为医疗器械，2006 年首批产品进入了商场超市等零售渠道，与"邦迪"等创可贴品牌展开了全面竞争。到 2006 年，云南白药创可贴销售收入达到 1.2 亿元，与邦迪的市场份额比由 2000 年的 1∶10 升至 1∶2.5，成为国内市场第二大品牌，云南白药含药创可贴市场份额高居首位。2009 年，白药创可贴销售收入突破 3 亿元。根据 39 健康网的特别调查，云南白药在中国市场 6 种主要创可贴产品的比较中，以 90 分的综合得分排名第一位。它所独有的止血、镇痛、消炎、愈创的组合功效，使其成为消费者二次使用认可度最高的产品。

除创可贴之外，云南白药在"大白药"和"新白药"观念的指引下，以传统白药为基础，在产品结构上做出了相应的调整，先后开发出胶囊剂、酊剂、硬膏剂、气雾剂、[①]喷雾剂、创可贴等新剂型，逐渐形成了围绕云南白药内服和外用的立体化产品开发战略。依托云南白药所进行的品牌延伸，白药的核心价值"高效止血"被传导到系列新品类中，并与云南白药形成了良性的循环互动。2005 年，云南白药投资 5000 万元建设的无锡生产基地投产，专门生产围绕白药的新型医药产品。2007 年，云南白药透皮事业部[②]（主要包括创可贴和白药膏等新产品）的销售收入增至 5 亿元。其中，云南白药膏和气雾剂也逐渐成为公司的主要利润增长点，2012 年，分别实现销

[①] 云南白药气雾剂单一产品年产值于 2012 年 12 月初突破 10 亿元，成为云南白药第一个产值过 10 亿元的药品。
[②] 云南白药透皮事业部的主要产品为云南白药膏、创可贴和急救包等系列，主要销售渠道为急救中心和 OTC 渠道；药品事业部的主要产品为云南白药产品系列，主要在医院和 OTC 渠道销售。2011 年，云南白药将透皮事业部与药品事业部合并，统称药品事业部。

售收入 7 亿元、9 亿元。2008 年,"云南白药急救包"上市,该系列产品主要包括车载、家用、军用、警用、安全生产防护及户外运动六大类。云南白药作为伤科第一品牌,诸多新产品的上市将极大地带动"白药创可贴"和"白药喷雾剂"等相关产品的销售。

此外,云南白药公司还开发出包括"小柴胡颗粒"、"田七花叶颗粒"、"三七片"、"感冒颗粒"和"复方岩白菜素片"等一系列的 OTC 常用药品,进一步突破了只围绕"云南白药"进行产品开发的市场空间,提升了云南白药企业品牌的兼容度和号召力。也正是通过对传统白药产品线创新和普通 OTC 中草药品的品牌延伸策略,云南白药的品牌重新在传统中草药领域焕发出了生机。

品牌延伸,白药进入日化行业

中草药是中华民族的传统瑰宝,也为国内不少非医药领域所关注和重视,如日化行业的霸王洗发水、六神沐浴露和饮料行业的王老吉凉茶等都是这方面的杰出代表。在牙膏市场,很多国内品牌也借助中草药概念来作为独特的产品卖点,和国外品牌展开竞争,如两面针、草珊瑚、雪豹、冷酸灵和田七等国内品牌相继推出各种中草药牙膏,迎合现代消费者绿色、健康的消费理念,很快就赢得了市场的认可。

借助于深厚的品牌文化底蕴和中草药资源与技术,云南白药集团也开始逐渐关注这一市场。在对消费者的跟踪研究过程中,公司发现不少消费者在牙龈出血时会把云南白药粉涂在患处,效果很不错,因此云南白药想到开发牙膏产品。另外,日化行业较高的利润也吸引着云南白药集团进军这一领域。而且早在 2003 年的云南白药股东大会上,内容为"在营业范围内增加食品、日化用品内容"的《公司章程》修改议案的通过,也为云南白药日后进入日化行业做出了指引。

2004年，云南白药牙膏问世，终端零售价达到22元，直指高端市场。但是，佳洁士、高露洁和中华三大品牌在国内牙膏高端市场中已经占据了将近60%的市场份额。而且，在品牌认知、产品功效和价格等方面，已经在市场上形成了较大的品牌进入壁垒。针对高露洁、佳洁士和中华等牙膏品牌将"防止蛀牙"、"口气清新"和"盐白"等作为诉求点的定位现状以及其他国内品牌在中草药营销概念上的挖掘情况，云南白药希望自己的牙膏产品能够具有独特的市场定位，并且瞄准高端牙膏市场。对此公司有自己的看法，正如云南白药董事长王明辉所言：对于云南白药而言，无论进入哪个领域，产品只是一个载体，其中所蕴涵的白药活性成分及其所具备的独特功效才是云南白药的真实卖点。实验证明，含有云南白药活性成分的牙膏完全超越传统牙膏，不仅仅清洁牙齿，更重要的是对牙龈出血、口腔溃疡、牙龈肿痛等口腔问题有显著效果，长期使用能有效全面保健口腔。因此，云南白药牙膏逐渐从"解决牙龈出血"的产品定位，转变到"口腔全能保健牙膏"的品牌定位，即解决多种口腔问题，提供口腔整体护理和保健的牙膏。这样，在获得产品卖点，让产品功效与市场价格相匹配的同时，也提升了云南白药牙膏的品牌力。

为了树立鲜明的品牌形象和产品定位，2005年，云南白药参加央视广告招标，对包括牙膏在内的系列产品进行宣传跟进，并在线下展开市场拓展和终端铺货与促销，当年云南白药牙膏的销量就达到了500万支。2006年，云南白药牙膏进入市场销售前五强，现已进入全国90%的大型商超。2007年实现销售收入2.6亿元，上市3年以来的销售收入已经超过6亿元。2008年1月，云南白药牙膏在央视推出了由濮存昕代言的广告宣传片，来进一步夯实其在牙膏市场的竞争地位。

2007年9月，云南白药还推出其首创的养护型牙膏——"金口健"，定位于日常护理和保健功能，价格10多元，扩大了细分市场的消费基数，进一步丰富了牙膏生产线。同无药创可贴推出策略一样，公司旨在拓宽云南白药品牌在牙膏领域的宽度。2011年，公司推出针对吸烟人群细分市场的朗健牙膏产品。截至2012年，我国牙膏市场规模保守估计已经达到150亿元，达到洗发水市场销售总额的一半。在中国市场上，高露洁是销量最大的品牌，前五大品牌高露洁、佳洁士、黑人、中华、云南白药已经占据中国牙膏市场75%左右的份额，其中云南白药牙膏的市场占有率为8%，与黑人和中华份额不分伯仲。据中投顾问发布的《2010~2015年中国牙膏行业投资分析及前景预测报告》与中国口腔清洁护理用品工业协会2012年4月份公布的数据显示，目前我国牙膏市场可以分为三个阵营：①高露洁、佳洁士、黑人、中华等外资品牌占了大约65%的市场份额；②云南白药、冷酸灵、黑妹、蓝天六必治、田七等本土品牌占据25%的市场份额；③立白、纳爱斯日化企业在牙膏领域的延伸品牌和其他中小牙膏企业占据着10%的份额。

当然，外资品牌也逐渐重视并推出草本牙膏，例如，LG推出竹盐牙膏，高露洁的草本盐牙膏和佳洁士的盐白牙膏。2006年，包括滇虹药业和片仔癀药业等在内的传统中药企业也纷纷推出中草药牙膏来蚕食市场。围绕这一领域的市场竞争还将继续下去，也必将对云南白药牙膏产生强大的竞争压力。

据赛迪顾问行业研究中心发布的中国日化市场研究报告显示，2007~2009年，中国日用化工用品以13.4%左右的速度持续稳步增长，整体市场可达到2000亿元人民币。云南白药公司通过牙膏产品在日化领域积累了较为丰富的市场经验，并将被复制到其他日化快销品领域。2009年底，云南白药"千草堂"沐浴露上市。2010年底，云南白药推出"养元清"洗发水，定位中草药高端洗发水市场（210ml容量的产品售价达到58元），初期依托云南白药牙膏的分销渠道和销售队伍来拓展市场，2012年销售开始实行分销管理，即牙膏与洗发水团队分开运作市场。此外，2007年6

月，云南白药公司在昆明市场推出品牌为艾嘉的"鞋爽"气雾剂（鞋内保健常备品），含有能抑杀微生物的天然药用植物精华及复合醇溶液，能有效防止脚臭和鞋臭，其中"鞋爽"短短两个月的时间就产生了200万元的销售额，并于2007年10月开始逐渐向全国市场推广。此外，还推出了"车爽"产品，是针对轿车在中国市场的急速增长而研制出的新产品。

根据云南白药2012年度报告数据，云南白药2012年净利润为15.8亿元，药品事业部（含透皮）、健康事业部和医药商业实现的净利润额分别为9.9亿元、3.6亿元和2.1亿元。其中，健康品业务的增长最快，这也是市场关注的重点。健康品事业部的云南白药系列日化产品为公司带来了持续稳定的业务收入，其中云南白药牙膏贡献收入接近17亿元，金口健牙膏1亿元左右、朗健牙膏5000多万元、养元青洗发水6000多万元。在日化产品组合中，牙膏业务贡献了95%以上，其他日化新品如洗发水养元青、护肤品千草堂及母婴产品等业务还没有获得长足的提升，如养元青洗护发产品仅实现了6000万元左右的销售收入。

不断推出的新产品不仅丰富了云南白药日化产品线，而且还能够在整体上实现较强的产品销售协同效应。但是，鉴于云南白药品牌本身的承载力有限，在采用多品牌策略的同时向各个日化细分市场发力应该是云南白药在日化领域进一步作为的明智之选。而且，公司如何在众多的日化产品系列中获得同步发展，对企业的营销管理水平也是一个巨大的挑战。不仅要做产品品牌，更为重要的是还要成就企业品牌，找到云南白药企业品牌的核心价值观念才是企业需要首先解决的战略难题。云南白药旗下事业架构如图16-1所示。

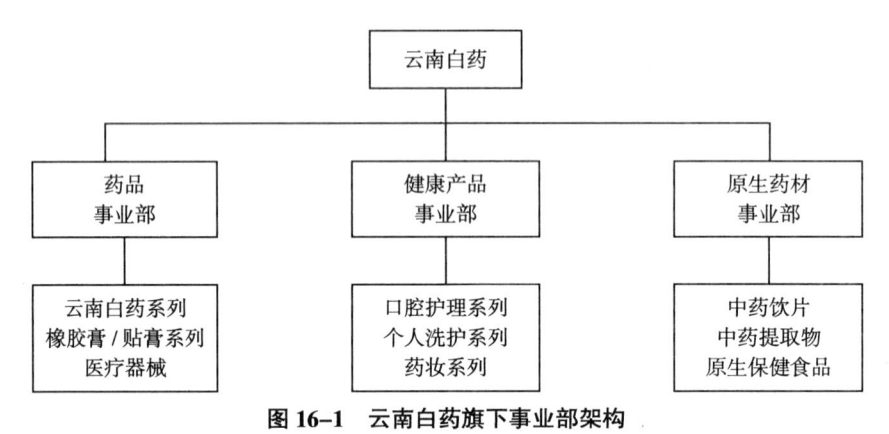

```
                    ┌─────────┐
                    │ 云南白药 │
                    └────┬────┘
         ┌───────────────┼───────────────┐
    ┌────┴────┐     ┌────┴────┐     ┌────┴────┐
    │  药品    │     │健康产品  │     │原生药材  │
    │ 事业部   │     │ 事业部   │     │ 事业部   │
    └────┬────┘     └────┬────┘     └────┬────┘
    ┌────┴────┐     ┌────┴────┐     ┌────┴────┐
    │云南白药系列│   │口腔护理系列│  │中药饮片   │
    │橡胶膏/贴膏系列│ │个人洗护系列│  │中药提取物 │
    │医疗器械   │    │药妆系列   │   │原生保健食品│
    └─────────┘     └─────────┘     └─────────┘
```

图 16-1　云南白药旗下事业部架构

新品开发，白药关注药妆市场

在世界范围内，很多制药企业都凭借强大的产品研发势力，将触角延伸到药妆产品领域，[①] 例如，DHC 和薇姿（VICHY）的上游都是制药企业加工，而制药企业将药品的理疗功效和化妆品相结合，并借助医药渠道进行销售，与传统的化妆品有所区别，也就是我们所说的药妆市场。而传统的化妆品企业，也逐渐将目光放在了围绕中草药的产品开发上来，如欧莱雅通过中国研发中心，利用中国传统医学和中国地域性原料来开发中草药化妆品。1998 年，法国药妆品牌薇姿（VICHY）登陆中国，首次为国内带来"药妆"的概念，后来的理肤泉（LA ROCHE-POSAY）、芙丽芳丝（Freeplus）和依泉（URIAGE）等国外品牌进入中国市场竞争，消费者也逐渐接受了在药店购买化妆品的理念。

[①] 药妆：又称医学护肤品，是指从医学的角度来解决皮肤美容问题，由医生配伍应用的化妆品，通过药店渠道来实现销售。在国外称 COSMECEUTICAL，即介于药品与化妆品之间的产品，相当于中国的功效性化妆品。在中国，对药妆产品还没有明确的界定，也没有药妆的专门批准文号，只是分管的部门有所区别：国产品牌是"卫妆准"字号，如果是国外品牌则需要"卫妆进"字号。

从全球来看，药妆市场份额在 2005 年已经达到 931 亿元人民币。2010 年，我国化妆品市场销售规模大约为 1200 亿元，其中药妆的市场份额约在 400 亿元。药妆市场由于具有巨大市场潜力，也被称为医药企业的"新蓝海"。据不完全统计，目前已有 170 多家企业涉足药妆市场，其中有不少是国内著名医药企业，如滇虹药业、同仁堂药业、康恩贝药业、圣火药业、王老吉药业、敬修堂药业和仁和药业等行业知名企业都已经涉足这一领域。例如，中草药领域的行业巨头——同仁堂，早在 2001 年就成立了"同仁本草亚洲护肤中心"，并相继推出"同仁本草"系列产品，2005 年还成立北京同仁堂化妆品有限公司，专门研发和经营药妆产品。因此，云南白药集团涉足化妆品领域，并与中草药传统优势紧密结合就显得再自然不过了。此外，国内化妆品市场的巨额利润也是云南白药决定进入该市场的驱动之一。

传统中医药老字号品牌利用自身传统的中草药研发优势，在功能性化妆品的原料与技术上进行积极的开拓和尝试，将专业研发能力的优势转化到化妆品领域，极大地延展了品牌的包容度。2008 年 3 月，云南白药集团与日本 Maleave 化妆品株式会社成功签订化妆品技术转让协议，标志着云南白药开始进入彩妆领域。云南白药集团购买了 Maleave 株式会社旗下的两个品牌系列的基础技术，分属高端和中高端产品，并准备用面膜和面霜等个人护理和个人健康产品进军高端药妆市场。

"制药企业做药妆产品有着自身的优势，如 DHC 和薇姿的上游都是找制药企业做加工。而对于云南白药来说，其本身具有品牌优势，同时已有运作牙膏的成功经验，因此再进军药妆领域已普遍被看好。"业内人士这样评论云南白药进入药妆市场的前景。在巨大的市场潜力和强大的竞争压力之下，云南白药在药妆领域能否像白药牙膏那样迅速取得市场的认可和客观的销售业绩，一个强有力的挑战就是能否在产品研发、中药优势和市场定位之间取得新的平衡。在谈到产品创新时，云南白药董事长王明辉说道:"产品创新不仅仅是创造新产品,还应创造出新市场。因此,产品创新应与商业模式创新相结合。商业模式创新搞好了,产品创新才会有好的载体,新产品才具有生命力。"因此,云南白药药妆产品的创新虽然目前来讲还是个未知数,但是仍然值得期待。

云南白药的成功不仅在于价值稀缺、难以模仿和有不可替代的资源——国家保密配方,还在于企业能力的不断演化升级。简单来说,云南白药核心产品的演化历程就是资源和能力演化过程。从1999年以来,云南白药采取品牌延伸和品类延伸的开发战略,先前单一的产品结构得到改观,已经形成了多个系列的产品组合结构,并已经呈现一个多品牌运营的品牌矩阵,在传统白药、普通OTC药品、日化产品和药妆市场等诸多领域进行着各种市场机会的拓展和尝试。目前,云南白药已经形成了以云南白药系列产品为"中央产品",健康和药妆为"两翼产品"的产品立体化战略。综合来看,云南白药旗下的产品大致可以分为三大系列:①白药系列和普药产品,主要包括云南白药胶囊、散剂、气雾剂、酊剂、宫血宁胶囊、天麻、三七等中药饮片;②透皮产品,包括云南白药创可贴、云南白药膏、急救箱;③健康、药妆产品,包括牙膏系列(云南白药牙膏、金口健牙膏、朗健牙膏)、洗发水系列(养元青洗发水、护发素)、其他日化产品(沐浴露、面膜等)。

现今,云南白药集团商标战略进一步明确以云南白药、云丰、千草堂、金口健、七花、理药、丽雪、金熊、云健、昆莲、金品等主要商标保护和发展为基点,继续打造云南白药驰名商标,实行云南白药大品牌下多品牌发展策略。在一个竞争激烈的多样化市场中,云南白药能否在已经站稳脚跟的市场再创佳绩,并在即将进入的全新领域有所斩获,将是对人力资源、产品研发、生产能力和营销能力等方面的系统考验,而作为中国传统中草药的代表性品牌之一,云南白药的经验和探索历程也值得我们去关注和研究,因为它将为中国医药行业提供一个"现代颠覆传统、传统启迪未来"的创新蓝本。

参考文献

[1] 陈能涌.卡特彼勒集团总裁瑞拉访谈[J].建筑机械技术与管理,2012(3):55-57.

[2] 顾章杰.范敏:携程的梦想与现实[J].金融经济,2010(7):23-24.

[3] 郭韵迪,王敏.践行社会责任,提升品牌影响[J].国际木业,2010(12):6-7.

[4] 高江虹.UPS终止并购TNT:68亿美元收购告吹[N].21世纪经济报道,2013-01-15.

[5] 韩久成.卡特彼勒中国蓝图:未来全球中心[J].中国外资,2009(5):72-73.

[6] 郝继涛.携程:神话破灭[J].经理人,2012(8):66-67.

[7] 何灵.家得宝财略[J].新理财,2013(1):20-21.

[8] 黄付生.外资品牌垄断高端,国产婴幼儿奶粉顽强成长[J].中国乳业,2012(12):25-28.

[9] 黄锴.携程押宝百万游[J].21世纪商业评论,2010(5):70-71.

[10] 江积海,张贺梅.企业资源基础观及能力的演化研究——云南白药案例研究[J].情报杂志,2011(3):185-190.

[11] 雷小清.UPS商务服务同步的一个实例及其对我国供应链金融的

启示[J]. 物流科技, 2011（5）: 14-17.

[12] 李东升. 企业经营者激励模式的比较研究[M]. 北京: 经济管理出版社, 2012.

[13] 林涛, 王国强. 注册商标连续三年停止使用案件中证据合法问题探析[J]. 中华商标, 2012（8）: 25-28.

[14] 刘迅. 云南白药的品牌延伸[J]. 企业管理, 2011（2）: 46-48.

[15] 骆小异, 何衡柯. 被误解的李宁[J]. 21世纪商业评论, 2012（7）: 81-84.

[16] 彭诗经. 张裕: 打造百年强势品牌[J]. 销售与市场, 2002（2）: 6-11.

[17] 彭甜甜, 邢莉莉. 云南白药模式成本土品牌突围路径[N]. 第一财经日报, 2013-03-26.

[18] 苹果让位, 阿里巴巴挑战世界市值冠军? [EB/OL]. 电子工程世界网, 2013-04-01, http://www.eeworld.com.cn/xfdz/2013/0401/article_20633.html.

[19] 任宇子. 家得宝败走中国[J]. 中国连锁, 2012（9）: 48-49.

[20] 施建. 携程的挑战者们[J]. 21世纪商业评论, 2012（7）: 34.

[21] 史欣峰. 美赞臣高端品牌攻略[J]. 销售与市场（评论版）, 2010（7）: 48-51.

[22] 孙国辉, 杨一翁. 李宁品牌的国际化构想[J]. 企业管理, 2012（7）: 38-41.

[23] 高素英. 张裕: 调整营销架构确保经销商利润[EB/OL]. 2012-06-29.http://stock.caijing.com.cn/2012-06-29/111920152.html.

[24] 孙晓楠. 中外运动品牌比较研究[J]. 轻纺工业与技术, 2012（6）: 56-59.

[25] 王长胜. 携程"去网化"[J]. 中国企业家, 2010（20）: 117-119.

[26] 王凌宁. 汉高："三重底线"是致力于可持续发展企业的使命 [J]. WTO 经济导刊, 2009 (11): 29-31.

[27] 王渊. 联邦快递并购大田快递后的战略整合 [D]. 上海外国语大学硕士学位论文, 2013.

[28] 吴雅云, 陈黎琴, 李琼等. 浅谈运用波士顿矩阵分析李宁的战略选择 [J]. 中外企业家, 2012 (1): 10-12.

[29] 武志军. 李宁 VS 安踏, 谁是带头大哥？[J]. 中国品牌, 2012 (4): 22-23.

[30] 徐勇. 快递业 2012 年回顾与 2013 年展望 [J]. 中国物流与采购, 2013 (4): 44-47.

[31] 严洁红. 卡斯特案：关于商标抢注问题的思考 [J]. 中华商标, 2013 (2): 65-67.

[32] 央视白酒广告一天播放 91 次, 海量酒企灌醉央视 [EB/OL]. 搜狐健康频道, http://health.sohu.com/s2013/9418/s367401728/index.shtml.

[33] 杨丹华. 云南上市公司成长路径探析——以云南白药集团股份有限公司为例 [J]. 云南电大学报, 2012 (9): 41-45.

[34] 余东慧, 黄丽华, 石光华. 建立与企业战略相适应的 IT 战略的路径和方法研究 [J]. 管理工程学报, 2005 (1): 24-29.

[35] 袁颖. 卡特彼勒的中国式突进 [J]. 中国外资, 2008 (3): 36-38.

[36] 云南白药集团股份有限公司. "云南白药"：大品牌下多品牌发展战略 [J]. 中华商标, 2011 (6): 30-32.

[37] 张狄. 布局下一个黄金十年——记卡特彼勒中国研发中心扩建 [J]. 今日工程机械, 2012 (3): 88-89.

[38] 张建生. 内忧外患, 快递如何破局 [J]. 销售与市场（管理版）, 2013 (1): 72-74.

[39] 张锐. 李宁公司的困窘与破解 [J]. 企业管理, 2012 (9): 46-49.

[40] 张亚琴.成就今日,创造未来——感受卡特彼勒[J].内燃机与配件,2012(10):36-37.

[41] 周文泳,胡雯等.低碳背景下的制造业商业模式创新策略研究[J].技术与管理创新,2012(11):20-26.

[42] 朱海霞.绿色创新,助客户成功,使用户受益[J].制造技术与材料,2010(5):42-44.

作者研究文献

［1］唐文龙.身份营销，高端产品的定位反哺［J］.销售与市场（管理版），2012（8）.

［2］唐文龙.国酒营销的误区［J］.企业管理，2011（2）.

［3］唐文龙.中国家电企业战略营销模式求解［J］.企业研究，2011（5）.

［4］唐文龙.张裕的多品牌策略［J］.市场研究，2011（3）.

［5］唐文龙.解百纳商标争议和解之后的营销思考［J］.中华商标，2011（2）.

［6］唐文龙.体育营销的品牌智慧［J］.中华商标，2010（9）.

［7］唐文龙.张裕：高端进程中的三个挑战［J］.成功营销，2010（2）.

［8］唐文龙.增强品牌体验，维系顾客关系［J］.企业管理，2009（2）.

［9］唐文龙.中国元素，内外兼修的营销功夫［J］.销售与市场（营销版），2008（11）.

［10］唐文龙.国际公关，传播中国形象［J］.国际公关，2008（5）.

［11］唐文龙.做产品品牌，更要做企业品牌［J］.经济导刊，2008（5）.

［12］唐文龙.电子口碑，新营销引擎［J］.销售与市场（营销版），2008（10）.

[13] 唐文龙. 无线广告的无线营销 [J]. 经济, 2008 (4).

[14] 唐文龙. 科特勒营销观念的演进 [J]. 新营销, 2007 (12).

[15] 唐文龙. 谁为品牌背书？[J]. 成功营销, 2007 (10).